2020년 사회복지사 1급 대비 수험서

smart
사회복지조사론

2020년 사회복지사 1급 대비 수험서

smart
사회복지 조사론

선남이 편저

사회복지사 1급!
합격의 길로
동영상 강의와 함께하는
12일 완성
Key Point!!

에듀파인더
[edufinder.kr]

2020년 사회복지사 1급 대비 수험서
smart
사회복지조사론

초판 인쇄   2019년 10월 20일
초판 발행   2019년 10월 25일

편저자   선남이
발행인   권윤삼
발행처   (주) 연암사

등록번호   제16-1283호
주소   서울특별시 마포구 양화로 156, 1609호
전화   (02)3142-7594
FAX   (02)3142-9784

값은 뒤표지에 있습니다. 잘못된 책은 바꾸어 드립니다.

ISBN 979-11-5558-059-2   14330
     979-11-5558-051-6   (전8권)

연암사의 책은 독자가 만듭니다.
독자 여러분들의 소중한 의견을 기다립니다.
트위터 @yeonamsa
이메일 yeonamsa@gmail.com

이 도서의 국립중앙도서관 출판시도서목록(CIP)은 서지정보유통지원시스템 홈페이지(http://seoji.nl.go.kr)와
국가자료공동목록시스템(http://www.nl.go.kr/kolisnet)에서 이용하실 수 있습니다.
(CIP제어번호: CIP2019037266)

머리말

우리나라도 급속한 산업화 · 정보화 · 저출산과 인구의 고령화 등 시대적 변화로 인해 다양하고 복잡한 사회문제들이 발생하고 있습니다. 특히, 1997년 말 IMF 외환위기 이후 선진국과의 무한경쟁을 위한 기업의 구조조정 과정에서 발생한 대량실업과 고용불안, 가족해체, 고착화되고 있는 저출산과 세계에서 가장 빠른 속도로 진행되고 있는 인구의 고령화 등에 따른 사회적 변화는 새로운 복지패러다임을 요구하고 있습니다.

최근에 부각되고 있는 아동 · 노인 · 장애인 · 여성 · 한부모가족 · 다문화가족의 문제 해결, 독거노인 · 빈곤층 대책과 복지사각지대의 근절, 그리고 보다 질 높은 복지서비스를 요구하는 국민들의 요구에 부응하기 위하여 사회복지사의 역할과 책임은 매우 중요하다고 하겠습니다.

이에 본서에서는 지난 10년간의 사회복지사 1급 기출문제들을 분석하여 단기간에 보다 효과적인 학습이 되도록 합격의 솔루션을 제시하였습니다. 하지만 합격여부는 오직 수험자의 마음자세와 효율적인 수험전략 여하에 달려 있습니다.

선발시험과 달리 자격시험은 선택과 집중이 중요합니다. 어려운 1~2과목은 과락이 되지 않도록 기출문제 중심으로 정리하고, 자신 있는 2~3개 과목은 고득점(80점)할 수 있도록 집중하면 합격(60점)은 무난히 할 수 있습니다.

「나는 반드시 합격할 수 있다」는 강한 신념으로 얼마 남지 않은 기간 최선을 다하시기 바랍니다.

〈본 교재의 구성과 특징〉
• 수험생들이 전체적인 맥락에서 교과를 정리할 수 있도록 구성하였으며, 핵심정리

하기 및 참고하기 등을 통해 요점을 정리하였다.

- 2019년 8월말 현재까지 제정 및 개정된 법령을 반영하였으며, 최근 출제경향을 파악할 수 있도록 최근 기출문제를 수록하여 최신의 정보를 적극 반영하였다.
- 매단원마다 출제빈도가 높았던 부분을 표시(★)하고, 혼돈되거나 틀리기 쉬운 부분도 밑줄로 표시(___)하여 최종정리 시 도움이 되도록 하였다.
- 혼자 학습하거나 공부시간이 절대적으로 부족한 수험생들이 효율적으로 정리할 수 있도록 분량을 최소화하도록 하였다.

[사회복지사 1급 자격제도 안내]

◆ 사회복지사

- 사회복지사 1급은 사회복지학 전공자, 일정한 교육과정 이수자, 사회복지사업 경력자로서 국가시험에 합격하여 보건복지부장관의 자격증을 받은 자를 말한다.
- 사회보장급여의 이용 · 제공 및 수급권자 발굴에 관한 법률 제43조는 사회복지사업에 관한 업무를 담당하게 하기 위하여 시 · 도, 시 · 군 · 구 및 읍 · 면 · 동 등에 사회복지사 자격증을 가진 사회복지전담공무원을 두도록 규정하고 있다.
- 사회복지사는 사회복지 프로그램을 개발 · 운영하고 시설거주자의 생활지도를 하며 청소년, 노인, 여성, 장애인 등 복지대상자에 대한 사례관리, 보호 · 상담 · 후원 업무를 담당한다.

◆ 사회복지사 자격의 특징

사회복지사의 자격증은 현재 1, 2급으로 나누어지며, 1급의 경우 일정한 학력과 경력을 요구하고 또한 국가시험을 합격하여야 자격증이 발급된다. 2급의 경우 일정 학점의 수업이수와 현장실습 등의 요건만 충족되면 무시험으로 자격증을 취득할 수 있다.

◆ **1급 시험 응시자격**

〈대학원 졸업자〉

① 고등교육법에 따른 대학원에서 사회복지학 또는 사회사업학을 전공하고 석사학위 또는 박사학위를 취득한 자

② 다만, 대학에서 사회복지학 또는 사회사업학을 전공하지 아니하고 동 석사학위를 취득한 자는 보건복지부령이 정하는 사회복지학 전공교과목과 사회복지관련 교과목 중 사회복지 현장실습을 포함한 필수과목 6과목 이상(대학에서 이수한 교과목을 포함하되, 대학원에서 4과목 이상을 이수하여야 한다), 선택과목 2과목 이상을 각각 이수하여야 한다.

〈대학 졸업자〉

① 고등교육법에 따른 대학에서 보건복지부령이 정하는 사회복지학 전공교과목과 사회복지 관련 교과목을 이수하고 학사학위를 취득한 자

② 법령에서 고등교육법에 따른 대학을 졸업한 자와 동등 이상의 학력이 있다고 인정하는 자로서 보건복지부령으로 정하는 사회복지학 전공교과목과 사회복지관련 교과목을 이수한 자

〈외국대학(원) 졸업자〉

외국의 대학 또는 대학원(단, 보건복지부장관이 인정한 대학 또는 대학원)에서 사회복지학 또는 사회사업학을 전공하고 학사학위 이상을 취득한 자로서 대학원 졸업자와 대학졸업자의 자격과 동등하다고 보건복지부장관이 인정하는 자

〈전문대학 졸업자〉

① 고등교육법에 의한 전문대학에서 보건복지부령이 정하는 사회복지학 전공교과목과 사회복지관련 교과목을 이수하고 졸업한 자로서 시험일 기준 1년 이상 사회복지사업의 실무경험이 있는 자

② 법령에서 고등교육법에 따른 전문대학을 졸업한 자와 동등 이상의 학력이 있다고 인정하는 자로서 보건복지부령이 정하는 사회복지학 전공교과목과 사회복지

관련 교과목을 이수한 자로서 시험일 기준 1년 이상 사회복지사업의 실무경험이 있는 자

〈사회복지사 양성교육과정 수료자〉
① 고등교육법에 따른 대학을 졸업하거나 이와 동등이상의 학력이 있는 자로서, 보건복지부장관이 지정하는 교육훈련기관에서 12주 이상의 사회복지사업에 관한 교육훈련을 이수한 자로서 시험일 기준 1년 이상 사회복지사업의 실무경험이 있는 자
② 사회복지사 3급 자격증 소지자로서 시험일을 기준으로 3년 이상 사회복지사업의 실무경험이 있는 자

◆ 응시 결격사유
금치산자 또는 한정치산자, 금고 이상의 형을 선고받고 그 집행이 끝나지 아니하였거나 그 집행을 받지 아니하기로 확정되지 아니한 사람, 법원의 판결에 따라 자격이 상실되거나 정지된 사람, 마약·대마 또는 향정신성의약품의 중독자는 응시할 수 없다.

◆ 시험방법

시험과목 수	문제 수	배점	총점	문제형식
3과목(8영역)	200문항	1점/1문제	200점	객관식 5지 선택형

◆ 시험과목

구분	시험과목	시험영역	시험시간
1교시	사회복지기초(50문항)	• 인간행동과 사회환경(25문항) • 사회복지조사론(25문항)	50분
2교시	사회복지실천(75문항)	• 사회복지실천론(25문항) • 사회복지실천기술론(25문항) • 지역사회복지론(25문항)	75분
3교시	사회복지정책과 제도(75문항)	• 사회복지정책론(25문항) • 사회복지행정론(25문항) • 사회복지법제론(25문항)	75분

◆ 합격 기준

① 매 과목 40점 이상, 전 과목 총점의 60% 이상을 득점한 자를 합격 예정자로 결정 하며, 합격 예정자에 대해서는 한국사회복지사협회에서 응시자격 서류심사를 실시하며, 심사결과 부적격자이거나 응시자격서류를 정해진 기한 내에 제출하지 않은 경우에는 합격예정을 취소한다.

② 필기시험에 합격하고 응시자격 서류심사에 통과한 자를 최종합격자로 발표한다.

◆ 사회복지사 자격활용정보

• 사회복지사 1급 자격증 소지자는 시·도, 시·군·구, 읍·면·동 또는 사회복지 전담기구에 사회복지전담공무원으로 일할 수 있다. 또한 지역복지, 아동복지, 노인복지, 장애인복지, 모자복지 등의 민간 사회복지기관에 취업할 수 있다. 이 외에도 학교, 법무부 산하 교정시설, 군대, 기업체 등에서 사회복지사로 활동할 수 있으며 자원봉사활동관리 전문가로 활동할 수도 있다.

• 사회복지사 1급 자격증 소지자는 의료사회복지 또는 정신보건 분야에서 일정한 경력을 쌓으면 시험을 통해 의료사회복지사나 정신보건사회복지사 자격을 취득하여 해당분야의 전문사회복지사로 활동할 수 있다.

◆ 사회복지사 1급 자격증 관계도

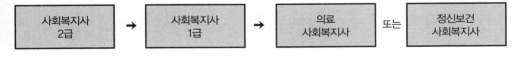

• 의료사회복지사

사회복지사 1급 자격소지자는 의료사회복지 실무경력 1년 이상, 또는 의료사회복지 연구 및 교육에 1년 이상의 경력을 가지고 있는 경우 의료사회복지사 자격시험에 응시할 수 있다.

- 정신보건사회복지사

① 사회복지사 1급 자격소지자는 보건복지부장관이 지정한 전문요원 수련기관에서 1년 이상 수련을 마치면 정신보건사회복지사 2급 자격증을 취득할 수 있다.

② 2급 정신보건사회복지사 자격 취득 후 정신보건시설, 보건소 또는 국가나 지방자치단체로부터 지역사회정신보건사업을 위탁받은 기관이나 단체에서 5년 이상 정신보건 분야의 임상실무경험을 쌓으면 정신보건사회복지사 1급 자격증을 취득할 수 있다.

- 사회복지사 2급

사회복지사 2급 자격소지자는 1년간의 실무경력을 갖추면 사회복지사 1급 자격시험에 응시할 수 있다.

시험시행 관련 문의
- 한국산업인력공단 HRD 고객센터: 1644-8000
- 한국사회복지사협회: 02) 786-0845

차 례

제24장 / 조사보고서의 작성 —————————

제1장
|
과학적 방법과 사회조사(1)

1. 과학적 연구방법과 특성

1) 과학적 연구란

① 과학은 넓은 의미로는 일종의 신념체계, 즉 지식을 의미하며 지식을 획득하는 방법과 관련되어 있음

② 과학은 인간의 합리적인 사고와 판단에 따르고 감정보다 이성적인 사고와 경험, 객관적이고 논리적인 사고와 판단을 중시하므로 다른 종류의 지식인 관습이나 미신과 구별됨

③ 과학의 근본목적은 사회현상과 자연현상을 포함하여 모든 현상을 설명하는 이론을 제시하는 것임. 여기서 이론은 현상을 설명하고 예측할 목적으로 변수 간의 관계를 상세히 기술함으로써 현상에 대한 체계적인 견해를 제시하는 것임

④ 과학은 우리를 둘러싸고 있는 자연현상 또는 사회현상을 이해하는 데 도움을 주며, 사물의 현상을 정확히 기술하고 현상 속에 내재된 규칙을 발견하여 이론과 규칙으로 일반화시키려 함

2) 과학적 연구방법의 의의

(1) 과학적 연구방법의 특징

논리적, 경험적임. 따라서 이론과 조사를 활용하여 과학적 지식을 만들어 냄

① 이론: 어떤 현상에 대한 논리적인 설명

② 조사: 논리들을 경험적으로 검증해 보는 것

(2) 과학의 목표

① 정적인 의미: 관찰된 현상에 의해 설명의 체계를 부여하는 것, 즉 기존의 법칙, 이론, 가설, 원칙 등을 이해하고 기존의 지식체계에 새로운 지식을 추가하는 것

② 동적인 의미: 앞으로의 문제해결 방안을 제시하는 활동, 개념을 범주화하고 사건의 예측과 설명을 가능하게 하며, 사건의 원인에 대한 이해력을 제공, 사건을 통제하는데 있음

(3) 과학의 네 가지 목표 ★★★

① 개념의 분류체계

  – 개념들이 사물을 조직하고 분류하는 데 사용됨

  – 적용기준은 분류방법의 포괄성, 상호독립성 유지, 개념의 분류체계와 다른 목적을 나타내는 진술에서 사용되는 개념과 일치해야 함

② 사건의 예측과 설명

③ 사건의 원인 이해

④ 사건의 통제

3) 과학적 연구방법의 특성

(1) 과학적 연구가 갖추어야 할 기본 조건 ★★

기본 조건은 객관성이며, 증거를 중요시하기 때문에 모든 명제나 가설들은 경험적으로 검증되어야 함. 과학적 방법은 다음과 같은 특성을 갖고 있음

① 과학적 연구는 논리적이며 체계적

② 과학적 연구는 결정론적

- 과학에서는 모든 현상이 어떤 앞선 원인에 의해서 발생하며 논리적으로 원인과 결과관계로 이해될 수 있어야 함을 가정함
- 과학에서의 모든 현상은 자연발생적인 것이 아니라 어떤 원인에 의해 발생하는 결정론적 특징을 가짐
- 인과관계를 규명하여 보편적인 법칙을 탐구함

③ 과학적 연구는 일반화 모색
- 과학적 연구를 통해 획득된 이론은 개별적인 현상에 대한 설명 보다 동일한 성격의 모든 현상에 대한 일반적인 이해를 추구하려 함

④ 과학적 연구는 간결성 추구
- 과학자들은 가능하면 적은 설명변수를 가지고 현상의 원인을 설명하려고 함
- 같은 설득력을 가진 경우에는 단순한 이론이 보다 가치가 있음

⑤ 과학적 연구는 구체적이어야 함
- 과학적 연구에 사용되는 개념을 정확히 표현해야 함
- 개념은 명확하고 한정된 의미를 가져야 함

⑥ 과학적 연구는 경험적 검증이 가능해야 함
- 과학적 연구는 경험적 연구대상 속에서 일정한 규칙이나 법칙을 발견하여 이를 검증함으로써 이론을 도출하려는 노력이라고 할 수 있음

⑦ 과학적 연구는 설명을 목적으로 함
- 과학적 연구는 현실세계에서 발생하는 현상을 체계적으로 설명하며 이를 통해 그 현상에 대한 이해를 가능하게 함

⑧ 과학적 연구는 수정이 가능함
- 과학에 있어서 절대적인 진리는 존재하지 않으며, 과학은 궁극적인 진리를 탐구하는 것이기도 하지만 효용도 동시에 추구함
- 과학적 지식은 새로운 비판에 개방적이며, 비판을 통해 이론을 보다 정교하게 발전시켜나감

⑨ 과학적 연구는 가치중립적
- 과학은 객관적인 지식을 획득하고자 하며, 주관적이며 가치판단적이고 감정적인 것은 과학적 연구대상이 아님

⑩ 과학적 연구는 분석적임
- 과학적 연구는 연구대상으로부터 직접 자료를 획득하여 분석하고 그 속에서 보편적 원리를 찾아내는 노력임

2. 과학적 지식의 형성방법

1) 일상적 지식의 형성방법
일반적으로 우리들은 대부분의 일상적 지식을 합의된 지식과 경험적 지식의 형태를 통해 습득하게 됨. 일상적 지식은 일반적으로 전통에 의한 방법, 권위에 의한 방법, 직관 혹은 경험에 의한 방법으로 형성됨

(1) 전통에 의한 방법
① 사회적으로 이미 형성된 선례, 관습, 사실 등 축적된 지식을 비판 없이 받아들이는 것
② 장점: 매 세대마다 지식탐구의 과정을 되풀이해야 하는 시간적 비용, 노력을 줄일 수 있음
③ 단점: 새로운 지식을 탐구하는 조사연구자에게는 전통에 의한 방법이 장애로 작용할 수 있음
④ 현대사회에서는 과거에 전통적 지식으로 인정되었던 것이 오늘날에는 그렇지 않은 경우가 많으므로, 맹목적으로 전통적인 사실에만 의존하는 것은 위험함

(2) 권위에 의한 방법
① 자기주장의 타당성이나 설득력을 높이기 위해 전문기술을 갖거나 혹은 신뢰할 만한 정보출처를 대거나, 신뢰도가 높은 공공기관의 유권해석을 요구하는 경우에서 발견
② 장점: 지식탐구에 필요한 시간과 노력을 감소시킬 수 있음
③ 단점: 지식체계 자체에 오류가 존재할 때에는 오히려 문제가 발생할 수 있음. 전문

가의 권위가 변화될 수 있기 때문에 맹목적으로 따르는 것은 위험함

(3) 직관 혹은 경험에 의한 방법
① 개인의 경험이나 직관에 의해 지식으로 도출됨
② 어떤 현상이 전통이나 권위에 의해 설명되지 않거나 명백하게 현실과 위배되는 경우, 기존의 합의적 지식을 벗어난 새로운 지식이 출현하게 됨
③ 인간의 경험이나 직관이 불완전하다는 문제가 있음

2) 과학적 지식의 속성 ★★★
과학적 방법을 통해 얻은 지식은 재생가능성, 경험성, 객관성과 같은 속성을 지님

(1) 재생가능성
① 어떤 결론에 대해 동일한 과정, 즉 표준화된 절차와 방법을 거치면 누구나 동일한 결과를 얻을 수 있는 가능성을 의미함
② 절차의 재생가능성과 결과의 재생가능성이 있음
  - 결과의 완전한 재생은 드물고 재생 가능성의 정도, 즉 확률로 나타나게 됨. 완벽한 재생은 어려움

(2) 경험성
① 경험성이란 우리의 감각기관에 의해 지각될 수 있는 성질을 의미함
② 인간의 감각기관을 얼마나 믿을 수 있느냐의 문제와 사회과학에 존재하는 추상적 용어의 경험성 문제가 제기될 수 있음
③ 경험성 문제는 추상적 용어를 구체적인 측정지표와 연계시키는 방법으로 어느 정도 해결가능하며, 이는 과학적 방법의 발전 정도에 관한 문제임

(3) 객관성
감각기관이 건전한 사람의 감각인상의 일치를 의미함. 인간의 이해관계나 주관적 가치판단, 편견이 개입되면 객관성을 상실하게 됨

3) 현상을 탐구할 때 범하는 오류 ★★★

인간의 지식에는 한계가 있으며, 그러한 한계의 대부분은 인간이 갖는 본질적인 한계에 기인함. 인간들이 일상적 지식 형성과정에서 나타나는 오류는 다음과 같음

(1) 부정확한 관찰

① 어떤 사건에 대해 특별한 관심을 두고 지켜보지 않았다면 보통의 많은 사람들은 정확한 기억을 떠올리지 못하고 틀린 정보를 말하게 되는 경우가 있음. 이러한 오류를 범하지 않기 위해서는 의식적인 즉, 과학적인 관찰을 해야 함
② 부정확한 관찰 오류를 범하게 되는 것은 인간의 일상적인 관찰능력에는 한계가 존재하기 때문임
③ 단순 혹은 복잡한 측정도구가 부정확한 관찰을 예방하는 데 도움을 줄 수 있음

(2) 과도한 일반화(overgeneralization)

① 일부만을 보고 전체가 마치 다 그런 것처럼 생각하는 오류
② 사람들은 자기 주변의 한두 가지 사건에 대해서 어떤 유형을 발견하면 이를 과도하게 일반화시키는 경향이 있음
  - 특정 가치나 이념이 강한 사람들 사이에서 흔히 발생함
  - 자신의 감정적인 설명과 일치하는 사실들을 목격할 때 일반화가 쉽게 나타남

(3) 선택적 관찰(selective observation)

① 사람들은 처음부터 자신의 결론이나 주장에 들어맞는 사건이나 상황에만 관심을 기울이고 관찰하는 경향이 있음
② 과도한 일반화는 종종 선별적인 관찰을 초래하며, 자신의 일반화된 지식을 유지하기 위해 스스로 지식을 만들어 내거나 자기중심적으로 현상을 이해하는 경향이 있음
③ 과학적 관찰은 미리 관찰해야 할 내용들에 대한 수와 종류를 구체화시켜 관찰함

(4) 사후 가설 설정

① 이미 발생한 사건에 대한 결과를 정당화하려고 사후 발생적 가설을 설정하는 것

② 발생한 사건의 결과가 기대한 결과와 다를 때, 자신이 평소에 갖고 있던 이론에 맞추어 임의로 해석하고 일정한 가설을 설정하여 그 가설이 검정된 것처럼 꾸미는 것을 말함

(5) 비논리적인 추론
① 자신의 주장과 모순되는 결과가 나왔을 때 자신의 주장을 합리화하기 위해 자신의 주장과 합치되는 우연한 상황이나 예외적인 상황을 지목, '비논리적 설명(illogical reasoning)'을 할 수 있음
② 개별적으로 독립적인 사건들을 종속적인 사건들로 인식하는 것 등은 비논리적인 오류임
③ 도박꾼의 오류: 포커 게임에서 내내 불운하면 행운의 손이 곧 다가온다고 믿는 것 등

(6) 탐구 조기 종결
① 어떤 사실이 완벽하게 이해되기 전에 탐구를 종결하는 것을 말함
② 어떤 형태의 지식이라고 해도 완벽하지 않으며, 지식은 끊임없이 변화하고 있기 때문에 어떤 사실이 완벽하게 이해되기 전에 탐구를 종결하는 것은 바람직하지 않음. 특히 인간사회에 대한 연구에서 탐구를 조기에 종결하는 것은 위험함. 인간에 대한 연구는 순환적인 성향을 지니고 있기 때문임

(7) 꾸며진 지식
때때로 어떤 사실들은 자신의 일반화된 지식과 정면으로 위배되는 경우가 종종 발생할 수 있음. 이러한 경우에 자신의 일반화된 지식을 손상시키지 않고 유지하기 위해서 스스로 지식을 만들어 내기도 함. 이런 경우는 과학적인 설명에도 자주 등장함

(8) 고정관념
사람들은 일정한 고정관념을 가지고 있음. 어떤 현상에 대한 관찰이 개인이 가지고 있는 고정관념과 다를 때 그러한 관찰을 객관화시키지 못하는 경향이 있음

(9) 신비화

과학적인 설명은 신비적인 이해방법을 배제하지만, 인간의 이해에는 한계가 있음. 따라서 이해하지 못하는 현상에 대하여 이것은 인간의 능력을 넘어선 영역이라는 이유로 그 특정한 현상을 초자연적이거나 신비화에 의존하여 설명하려고 함

01) 과학적 방법의 특성으로 옳은 것은?   (15회 기출)

ㄱ 주관적이어야 한다.

ㄴ 체계적이고 논리적이어야 한다.

ㄷ 추상적이어야 한다.

ㄹ 경험적 논리에 검증이 가능해야 한다.

---

① ㄱ,ㄴ,ㄷ   ② ㄱ, ㄷ

③ ㄴ, ㄹ   ④ ㄹ

⑤ ㄱ, ㄴ, ㄷ, ㄹ

☞ 해설

ㄱ 과학적 방법은 객관성을 가져야 함.

ㄷ 과학적 방법은 구체적임.

정답 ③

02) 과학적 방법에 관한 설명으로 옳지 않은 것은?   (15회 기출)

① 잠정적이지 않은 지식을 추구한다.

② 철학이나 신념보다 이론에 기반한다.

③ 경험적인 증거에 기반하여 지식을 탐구한다.

④ 현상의 규칙성에 대한 관심이 높다.

⑤ 허위화(falsification)의 가능성에 대해 개방적이어야 한다.

☞ 해설

② 철학이나 신념 또는 가치나 규범의 표명이 아니라, '무엇이, 어떻게, 왜 존재 한다' 라는 사실에 대한 설명이 주가 된다.

③ 경험가능성을 갖고 있다. 우리의 감각기관에 의해 지각될 수 있는 것이어야 한다는 의미로, 경험적으로 자료를 모아 분석, 검증함으로써 이론이나 법칙을 도출할 수 있다.

④ 과학은 사회생활의 규칙적인 유형을 찾으려는 노력으로, 과학적 이론은 자연 및 사회현상 속에 존재하는 논리적이고 지속적인 패턴을 알리는 데 그 목적이 있다.

⑤ 포퍼(Popper)의 반증주의에서는 문제해결을 위해 제시된 이론을 경험적으로 검증함. 이론에 의해 예측이 반박되는 경우, 이론은 기각되어 허위화(falsification, 반증)되고 이러한 반증에도 남게 되는 이론이 채택됨.

정답 ①

제2장
|
과학적 방법과 사회조사(2)

1. 사회조사의 정의와 특성

1) 사회조사의 정의

(1) 조사(research)

과학적 절차를 통해 지식을 얻는 과정을 의미: 어떠한 현상에 대해 제기되는 의문과 질문에 대해 과학적 방법과 절차를 통해 그 해답을 구하는 것. 이러한 과정을 통해 형성된 과학적 지식은 인간행위와 사회현상을 판단하는 근거가 됨

(2) 사회조사(social research)

경험적으로 관찰된 자료를 기반으로 이론을 구성함으로써 인간현상을 설명하고자 하는 실증주의에 기반한 관찰방법의 하나로서 과학적 지식을 얻기 위한 절차와 방법

(3) 사회복지조사(social welfare research)

① 사회조사를 사회복지에 접목시켜 사회복지의 목적인 개인과 지역사회의 복지욕구를 충족시키고 사회적 문제를 해결함으로써 삶의 질을 향상시킬 수 있는 방안을

강구하기 위한 제반 지식을 탐구하는 절차

② 사회과학의 한 분야인 사회복지조사는 과학적으로 수행되어야 함

③ 과학적 수행이란 과학의 특성인 논리성, 검증가능성, 재생가능성, 간주관성, 객관성 등을 갖추어야 한다는 것을 의미함. 하지만 사회복지에서 다루고 있는 주요 주제가 인간의 다양한 행위와 문제이기 때문에 가치 지향적이고 추상적인 개념이 많음

(4) 사회복지조사의 과학적 지식 구축

사회복지조사는 다음과 같은 과학적 절차를 활용하여 과학적 지식을 구축하려는 노력하게 됨

① 추상적인 개념을 측정 가능한 개념으로 조작적 정의(operational definition)하는 과정이 활용됨

② 개입과정에서 이론이나 조사에 입각하여 논리적인 가설을 설정하고 이를 검정하는 체계적인 과정을 수행함으로써 개입의 효과를 평가하고 인과관계를 증명하고자 함

③ 사회복지조사과정에서 구축된 클라이언트에 대한 과학적 지식과 효과적인 실천기술 및 이론 등을 사회복지서비스 개발에 활용함

2) 사회조사의 특성

(1) 응용조사적 특성

① 사회복지학은 실천학문이고 응용사회과학의 분류에 속함

② 사회복지학은 현실사회에 직접 적용되는 정책을 개발하고 집행하는 것을 다룸

 - 사회복지조사는 실제 문제에서 출발하고 그 목적은 사회복지프로그램을 계획하고 수행해 나갈 수 있는 실천에 활용되어질 수 있는 지식을 산출하는 것임

 - 사회복지조사는 현상에 대한 지식을 탐구하는 자체가 목적이 되는 순수조사와 달리 이론에서 어떠한 형태로든지 실천적 요소가 도출되어야 함

(2) 사회개량적 특성

① 사회복지의 일차적 대상자는 빈곤한 사람, 장애를 가진 사람, 노인, 아동, 여성 등

과 같은 사회적 약자임. 사회복지조사에서는 이러한 사회적 약자들이 가지고 있는 다양한 문제와 욕구를 확인하여 해결할 수 있는 방안을 강구함으로써 궁극적으로 대상자들의 삶의 질을 향상시키고자 하는 데 관심을 갖기 때문에 사회개량적 특성을 가지고 있음

② 대표적인 공공부조인 국민기초생활보장급여: 수급자들에게 제공되는 지원을 통해 최저생활을 유지하고 자활을 촉진하고자 하는 목적으로 실시하는 빈곤정책으로써 사회개량적 특성을 반영한 것

(3) 계획적 특성

① 사회복지실천은 욕구조사, 개입, 평가의 연속되는 과정으로 이러한 과정은 계획에 의해 수행됨

② 욕구조사는 대상자 선정과 욕구의 종류 및 수준을 파악함으로써 사회복지서비스를 계획적으로 제공할 수 있도록 도와줌. 조사는 이러한 욕구를 파악하는 과학적인 방법임

③ 사회문제의 경우 문제 자체의 내용이나 성격에 대한 조사와 더불어 '무엇이 충족되지 않아서 문제로 나타나는가', '그것을 어떻게 충족할 것인가'라는 다각적인 측면에서 접근되어야 하며 이는 체계적인 계획에 근거하여 수행됨

④ 노인의 취업문제가 지역 내 주요 문제로 대두되고 있다면 이를 해결하기 위해서는 노인의 취업실태와 함께 노인의 취업에 대한 욕구조사가 선행되어야 함

(4) 평가적 특성

① 사회복지조사는 사회복지가 소기의 목적을 어느 정도 달성하였으며 효과가 얼마나 있었는지를 평가하는 기술임

– 사회복지관에서 실시하는 방과 후 아동 프로그램 평가

② 사회복지실천에서 개입의 결과를 측정할 때 어떤 것이 개입의 결과인지 또는 얼마나 중요하고 의미 있는 기여를 했는지를 찾는 일은 매우 중요하면서도 무척 어렵고 까다로운 작업임

(5) 과학적 특성

① 사회복지조사는 사회복지의 전문성과 과학성을 주장하고 이를 실증하는 방법임

② 사회복지조사는 사회복지실태를 정확하게 파악하여 이를 통계적 수치를 통해 나타냄

③ 사회복지조사가 가지는 임상적 성격은 실험적 시도를 가능케 함으로써 과학성을 높이는 데 중요한 역할을 함

2. 사회복지조사의 유용성과 제한점

1) 사회복지조사의 유용성 ★★

(1) 사회복지의 과학적 기초 형성

① 사회복지학은 실천을 강조하는 경험과학이면서 실제 생활에 적용하기 위한 지식을 도출한다는 점에서 응용과학임

② 사회복지학의 경우 인간의 복잡한 내면과 행위를 대상으로 하기 때문에 다양한 욕구와 문제를 다루게 되고 이를 해결하기 위해 다양한 학문적 접근을 필요로 함

③ 사회복지학은 사회현상을 설명하는 데 필요한 다양한 요인들에 대한 개방체계적 관점을 전제로 하기 때문에 확률적으로 인과관계를 설명함

④ 사회복지조사는 사회현상에 대한 과학적 절차를 수행함으로서 사회복지실천의 토대가 되는 지식을 확장하고 정리하는 데 초점을 둠. 이를 통해 사회복지지식을 보다 과학화 또는 학문화하는 기능을 수행함

⑤ 조사연구를 통해서 사회복지실천의 개입의 효과를 측정하고, 서로 다른 개입의 결과 어떤 상관관계가 있는지를 밝힘으로써 사회복지의 과학적 기초를 형성하는 데 기여함

(2) 과학적 실천을 가능하게 함

사회복지조사의 목적은 사회복지대상에 대해 적절한 도움을 제공하기 위한 사회복지 프로그램을 계획하고 수행해 나아가는 데 활용될 수 있는 지식을 산출하는 데에 있음

  - 목적을 달성하기 위해 사회복지전문가들은 과학적 실천활동에 대한 객관적인 자료를 수집하고 계획을 세움

– 효과성을 평가하기 위해 조사방법을 활용함

(3) 사회복지이론과 기술체계 구축에 유용 ★★

사회현상에 대한 실제적이고 체계적인 지식을 제시할 수 있는 이론 형성, 이를 바탕으로 실천기술체계를 구축할 수 있도록 도와줌
- 사회복지조사는 실천현장에서의 문제를 해결하기 위한 지식 탐색
- 사회복지서비스의 질을 향상시키기 위한 지식과 기술을 개발
- 효과적인 사회복지실천방법을 개발하기 위해 개인과 지역주민의 복지욕구 분석
- 클라이언트의 임상자료를 체계적으로 수집하는 데 조사방법 활용
- 사회현상과 문제를 설명하고 예측할 수 있는 변수들 간의 관계를 구체화

(4) 사회복지의 책임성 제고 ★★★

① 사회복지사는 전문가로서 자신이 담당하고 있는 클라이언트에 대한 개입 또는 치료의 효과를 입증해야 할 윤리적 책무를 가짐
② 정부 및 민간기관에 의해 지원받는 프로그램이나 서비스에 대한 비용 효과성을 입증하여야 함. 이를 위해 객관적이고 과학적인 방법을 활용하여 서비스 효과성과 비용 효과성에 대해 검증하고 전문직으로서의 책임과 역할을 다하게 됨
③ 사회복지 분야에 투입된 공적 자원과 민간자원의 투명성과 효과성 및 효율성 등에 대한 책임성이 지속적으로 요구됨. 평가조사를 통해 예산을 포함하여 인적·물적 자원의 사용과 기관을 목적을 얼마나 달성했는지 등에 대한 효과성과 효율성을 평가하여 책임성 이행의 근거를 마련함

2) 사회조사의 제한점

(1) 사회조사에서의 윤리문제

사회복지조사에서는 사회복지실천 현장에서와 마찬가지로 윤리성 관련 문제가 있음. 특히 사회과학 연구가 인간을 대상으로 조사를 수행하는 과정에서 윤리적인 문제가 발생하기 쉬움. 실험조사와 같은 과학적 방법을 사용하고자 할 때 윤리적 문제가 발생할 가능성이 더 높기 때문에 연구주제와 내용에 있어서도 신중을 기해서 선정해야

함. 사회조사수행 시 다음 사항에 유의해야 함

① 자발적 참여와 고지에 입각한 동의

② 참여자에게 미치는 피해

③ 익명성 및 비밀보장

- 익명성(anonymity)이란 조사대상자들이 자신의 신원이 드러나지 않고 응답할 수 있도록 하는 것을 의미함

④ 연구대상자를 속이는 것: 양면성

⑤ 연구결과의 분석과 보고

- 연구자는 연구의 결과를 연구공동체의 동료들에게 보고할 의무가 있음

- 연구결과는 객관적으로 해석되어야 함

- 연구결과의 긍정적인 결과뿐만 아니라 부정적인 결과나 예상치 못한 결과도 보고해야 함

- 다른 연구를 표절해서는 안 되며, 인용한 부분에 대해서는 내용과 출처를 명시해야 함

(2) 사회조사의 한계 ★★★

① 경험적 인식의 제한

일상생활에서 습득하게 되는 지식의 경우 대부분 인간이 가지는 한계로 인한 오류가 발생하게 됨.

예) 어제와 오늘 만났던 사람들의 옷 색깔과 스타일을 구체적으로 기억하는 것 등

② 개인의 가치와 선호로 인한 제한

③ 현실가능성의 제한

- 시간적인 제한

- 비용적인 제한

- 지리적 제한

④ 정치적 · 문화적 · 사회적 요인에 따른 제한

- 예, 갈릴레이의 지동설과 다윈의 진화론 등

- 정치적 제한성은 연구문제에 관한 연구자의 가치관이 그 문제를 정의하는 방식에 영향을 미칠 수 있으며 이것은 대상자를 규정하는 범위도 제한할 수 있음

01) 다음 중 조사연구의 특성이 아닌 것은? (4회 기출)

① 과학성 ② 경험가능성 ③ 상징성

④ 객관성 ⑤ 합리성

☞ 해설

과학적 조사연구는 과학성, 객관성, 경험가능성, 체계성, 논리성, 일반화의 가능성, 구체성, 간주관성 등의 특성을 가짐. 인간의 합리적 사고를 바탕으로 하므로 합리성도 특성에 속함.

정답 ③

02) 사회과학의 한계로 옳은 것은? (6회 기출)

㉠ 연구대상의 윤리성　　㉡ 연구자 예측의 한계 ㉢ 불완전한 방법적 절차　㉣ 완전한 도식화

① ㉠,㉡,㉢ ② ㉠, ㉢ ③ ㉡, ㉣

④ ㉣ ⑤ ㉠, ㉡, ㉢, ㉣

☞ 해설

㉣ 사회과학은 사고의 도식화에 관한 타당성에 의문을 제기하므로, 완전한 도식화는 올바르지 않음.

정답 ①

제3장
|
사회조사방법의 기본 개념(1)

1. 개념과 변수

1) 개념

(1) 개념(concept)의 정의

① 개념이란 경험적으로 인지할 수 있는 어떤 대상이나 현상을 대변하는 것

② 개념은 용어, 단어 혹은 상징으로도 표현되며, 서로 다른 개체들이 가지고 공통성을 나타냄

③ 사람들의 생각은 단어나 언어로 형성되어 있으며, 언어는 본질적으로 개념적인 것. 이러한 개념들을 통해 우리는 세상을 이해함

  예) 나무, 나이, 몸무게, 아동, 청소년, 성인, 노인, 장애인, 부부, 옷, 가방, 세계화, 이혼, 폭력 등

(2) 개념의 특성

과학에서의 개념은 이론의 기본 구성물임

  - 이론-완성된 벽돌집, 개념-집 쌓는 벽돌

- 이론에 있어서 개념은 없어서는 안 될 존재
- 예) 가정폭력과 관련된 이론: 먼저 가정과 폭력이라는 개념들이 필요하고 이 외에도 부부, 외상, 알코올중독 등의 다양한 개념들 필요. 어떤 개념이 사용되느냐에 따라서 가정폭력에 관한 이론들도 다양하게 쓰일 수가 있음

2) 변수

(1) 변수(variable)의 개념

변수란 한 연속선상에서 둘 이상의 값을 가지는 개념

① 연구대상의 속성에 계량적인 수치를 부여하여 경험적으로 측정 가능하게 하는 개념
- 변수와 개념은 종종 구분되지 않고 쓰이기도 함. 변수와 개념을 구분하면, 개념은 추상적인 것이며, 변수는 개념의 조작화를 통해 만들어진 구체화된 것
- 모든 개념이 변수가 되는 것은 아니지만, 모든 변수는 개념이 됨. 사회과학이론을 구성하는 대부분의 개념들은 변수의 성격을 가짐

② 변수란 변화의 성질을 가진 개념. 변수는 둘 이상으로 구분되는 변수값(value) 혹은 속성을 가짐
- '수능 등급' 이라는 변수: '1', '2', '3', '4', '5', '6', '7', '8', '9'등급 이라는 변수값
- '성별' 이라는 변수: '남성', '여성' 의 변수값
- '소득수준' : '상', '중', '하' 의 변수값 또는 '100만 원 미만', '100만 원 이상~200만 원 미만', '200만 원 이상' 등으로 규정될 수도 있음

③ 한 개념이 각기 다른 범주로 분류되는 둘 이상의 변수값들을 갖지 않으면, 변수로 볼 수 없음
- '빨간색' 자체는 변수의 성격을 가지고 있지는 않음. 반면, '색상' 은 '노란색', '빨간색', '파란색', '초록색', '검정색' 등의 변수값을 가짐

④ 변수는 변수의 속성이나 이론에서의 기능에 따라 여러 가지로 분류할 수 있음

3) 변수의 속성과 기능적 관점에 따른 분류

(1) 속성에 따른 분류 ★★★

변수는 이론과 가설의 기본 단위가 되며, 변수의 속성에 따라 명목변수, 서열변수, 등

간변수, 비율변수로 구분할 수 있음. 변수가 어떤 속성을 가졌으며, 어떤 등급의 변수로 분류되느냐에 따라 어떤 종류의 수학적 연산을 할 수 있으며, 어떤 통계 기법을 사용할 수 있는가 하는 것이 결정됨

① 명목변수(nominal variable): 어떤 사물의 속성을 질적인 특성에 의해 서로 다른 몇 개의 범주로 분류할 수 있을 뿐 그 범주를 서열이나 수치로 나타낼 수 없는 변수를 말함. 예) 성별, 지역, 종교 등

② 서열변수(ordinal variable): 어떤 사물의 속성을 서로 다른 몇 개의 범주로 나눌 수 있고 범주 간의 서열을 측정할 수 있는 변수를 말함. 서열변수는 서열을 측정할 수는 있으나, 각 서열 간의 차이를 측정할 수는 없음. 서열변수의 각 범주에 부여된 수치는 단순히 서열을 의미할 뿐이지 범주 간의 차이를 나타내지는 않음. 예) 학점, 장애정도, 선호도(좋음, 보통, 나쁨) 등

③ 등간변수(interval variable): 어떤 변수의 범주 간의 순서뿐 아니라 범주 간의 정확한 간격을 알 수 있는 변수를 말함. 등간변수는 각 범주 간의 동등한 간격을 가지고 있음. 예) 대학 학년, 온도, IQ 등

④ 비율변수(ratio variable): 변수의 범주 간의 간격이 등간격일 뿐만 아니라 범주 간에 몇 배나 크고 작은가를 측정할 수 있는 변수를 말함. 비율변수는 등간변수의 모든 특성을 가지고 있는 동시에 절대 영점을 가지고 있으며, 변수값들을 곱하고 나누는 것이 가능함. 예) 키, 무게, 돈 등

(2) 기능적 관점에 따른 분류 ★★★

변수는 이론이나 가설을 통해 현상을 설명하는 과정에서 어떠한 기능을 하느냐에 따라 독립변수, 종속변수, 매개변수, 통제변수 등으로 분류할 수 있음

① 독립변수(independent variable): 어떤 변수가 다른 변수의 발생에 대한 원인(cause)이 된다고 가정될 때 우리는 그 변수를 독립변수라고 할 수 있음. 실험설계에서는 실험처치(experimental treatment), 또는 실험자극(experimental stimulus)이 독립변수에 해당됨. 원인변수, 설명변수, 예측변수라고도 부름

예) 흡연은 폐암을 유발한다. / 흡연: 독립변수

② 종속변수(dependent variable): 다른 변수에 영향을 받지만, 다른 변수에 영향을

미칠 수 없는 변수로서 인과관계에서 결과(effect)를 나타냄. 독립변수의 영향을 받아 일정한 결과를 나타내는 변수로서 실험설계에서는 관찰대상의 속성이 종속변수에 해당됨. 결과변수, 피설명변수, 피예측변수, 반응변수, 가설적 변수라고도 부름

예) 흡연은 폐암을 유발한다. / 폐암: 종속변수

③ 매개변수(intervening variable): 독립변수의 영향을 받아 종속변수에 영향을 주는 변수임. 즉, 독립변수와 종속변수 사이에 영향을 미치는 매개자의 역할을 함. 매개변수는 독립변수의 결과인 동시에 종속변수의 원인이 되는 변수임. 매개변수는 종속변수에 이르는 시간적 전후관계와 논리적 과정에 대한 이해를 가능케 함으로써 인과관계에 대해 정확히 규명할 수 있도록 함

예) 부모의 교육열이 자녀의 학습의욕을 높여 학업성적에 영향을 준다. / 부모의 교육열: 학습의욕을 가져다주는 독립변수, 자녀의 학습의욕: 부모의 교육열에 영향을 받아 학업성적에 영향을 미치는 매개변수, 학업성적: 학습의욕에 영향을 받는 종속변수

④ 조절변수(moderating variable): 독립변수가 종속변수에 미치는 영향력을 조절하는 변수를 말함. 독립변수와 종속변수 간의 관계가 강도나 방향에 영향을 미치는 변수로서 독립변수가 없어도 존재할 수 있음. 조절변수는 일종의 독립변수라고 볼 수도 있음. 매개변수는 독립변수에 영향을 받지만, 독립변수에 영향을 미치지 않음

예) 집단따돌림 아동의 자아존중감이 교사의 지지에 따라 다르게 나타났다. / 집단 따돌림(독립변수)을 당한 아동의 자존감 낮아짐. 교사의 지지(조절변수)가 높을수록 아동의 자아존중감(종속변수)은 높아질 것임

⑤ 통제변수(control variable): 두 변수간의 관계를 더 정확하게 파악하기 위해서 두 변수 간의 관계에 영향을 미칠 수 있는 제3의 변수(매개변수나 외생변수 등)를 통제하는 것을 말함. 연구를 설계할 때 정확한 결론을 얻기 위해서는 제3의 변수를 통제할 필요가 있는 경우가 있음

예) 집연구자가 경기불황과 외식업체의 매출의 관계에 대해 조사하여 경기가 어려우면 어려울수록 외식업체의 매출은 감소한다는 결과를 얻음. 제3의 변수인 지역을 통제해서 경기 불황과 외식업체의 매출의 관계를 파악했더니 서울지역의

경우에는 외식업체의 매출 간 상관관계가 없었고, 부산 지역의 경우에는 약간의 상관관계가 있는 것으로 나타났음. 지역이라는 제3의 변수 통제의 결과임

2. 개념적 정의와 조작적 정의

사회과학에서 사용되는 개념이나 변수는 분명하고 일관성 있는 의미로 사용되어야 함. 조사문제를 명확히 서술하기 위해서는 그 문제에 포함된 개념과 변수들에 대한 구체적이고 명확한 정의가 이루어져야 함

개념은 특정 대상의 속성을 추상화하여 의미를 부여하는 것이므로 개념 자체를 경험적으로 측정할 수 없음. 따라서 측정 가능한 의미로 명료화하게 정의할 필요가 있음. 이 과정은 개념적 정의와 조작적 정의로 나눌 수 있음

개념 → 개념적 정의 → 조작적 정의 → 측정 ★★

1) 개념적 정의(conceptual definition)

(1) 개념적 정의 의의

연구에서 사용되는 용어 또는 개념들을 개념적으로 정의하는 것, 명목적 정의라고도 함

① 연구대상인 사람, 사물의 속성, 사회적 현상 등의 변수를 개념적으로 정의하는 것

② 동일한 단어나 용어라도 사용되는 분야나 맥락에 따라 각기 다양하게 정의될 수 있음

③ 사전적 정의와 마찬가지로 특정 용어가 의미하는 바가 무엇인지를 말로 서술해 놓은 것

④ 어떤 변수에 대해 개념적 정의를 내리는 과정을 개념화(conceptualization)라고 함

(2) 개념적 정의의 목적

현재 연구의 관심과 초점에 맞는 측면의 개념 규정을 하려는 것이며, 개념을 구체적

이고도 추상적으로 묘사하는 것임

(3) 개념적 정의의 한계

개념적 정의는 조작적 정의를 위한 전 단계로, 개념적 정의를 통해 내려진 개념에 대한 대략적인 윤곽이나 틀 없이는 조작적 정의를 내리기는 어려움

> **빈곤의 개념적 정의**
>
> 정신적, 물질적인 박탈상태, 시험 스트레스: 시험으로 인해 유발되는 긴장상태로 개개인이 느끼는 불안과 갈등

2) 조작적 정의(operational definition)

(1) 조작적 정의의 의의

추상적인 개념을 실증적·경험적으로 측정 가능하도록 구체화한 정의. 즉, 조작적 정의는 추상적인 개념들을 잘 대변하면서 경험적으로 측정 가능한 대체개념을 찾는 것, 추상적 세계와 경험적 세계를 연결하는 중간다리 역할을 함
- 어떤 연구를 하고자 할 때 개념적 정의는 필수적이지만, 우리가 연구하고자 하는 개념들(또는 변수들)이 너무 추상적이어서 직접 조사하기 어려운 경우가 있음

(2) 조작화란 ★★

어떤 변수에 대해 조작적 정의를 내리는 과정을 조작화(operationalization)라고 함

(3) 대체개념 개발

많은 경우 연구주제나 가설에 포함된 변수들이 추상적이기 때문에 이를 조사하기 위해서 경험적으로 조사 가능한 대체개념을 개발하여야 함
- 만약 대체개념이 원래의 추상적인 개념을 잘 대변하지 못한다면 그것은 잘못된 결론을 도출해 낼 수 있음. 추상적 개념을 완전히 대변하면서 경험적 검증이 가능한 대체개념을 찾기는 쉽지 않음
   예) 청소년의 비행 정도 측정: 비행은 매우 추상적이기 때문에 바로 측정 가능한 구

제적인 조작적 정의가 필요. 즉, 비행을 측정하기 위해 하루 흡연량, 가출횟수, 학교 결석률, 타인에게 폭력을 행사한 정도나 횟수 등으로 조작적 정의가 이루어져야 함

조작적 정의의 예

사회 · 경제적 지위(직업에서의 지위), 학력(교육기간), 부부친밀도(부부 간 1일 대화시간) 등

01) 연구문제(research question)의 서술에 관한 설명으로 옳은 것은? (14회 기출)
① 주로 평서문 형태로 서술되어야 한다.
② 다루는 범위가 넓게 서술되어야 한다.
③ 연구결과의 함의에 맞추어 서술되어야 한다.
④ 연구의 관심이나 의문의 대상이 서술되어야 한다.
⑤ 정(+)의 관계로 서술되어야 한다.

☞ 해설
① 평서문이 아니라 의문문의 형태로 서술되어야 함.
② 구체적이고 깊이 있는 문제에 초점을 맞추어 서술되어야 함.
③ 연구문제의 설정은 연구의 첫 번째 단계임.
⑤ 변수 간의 관계는 정(+)의 관계, 부(−)의 관계 모두 쓰일 수 있음.

정답 ④

02) 개념의 조작화 과정에 관한 설명으로 옳은 것은? (11회 기출)
① 조작적 정의, 명목적 정의, 측정의 순서로 이루어진다.
② 조작적 정의는 개념에 대한 사전적 정의이다.
③ 변수를 조작적으로 정의하는 방법은 한정되어야 한다.
④ 조작화 과정의 최종산물은 수량화이다.
⑤ 질적 조사에서 중요한 과정이다.

☞ 해설
개념의 조작화 과정은 양적조사에서 중요한 과정으로, 개념화 → 명목적 정의 → 조작적 정의 실제 세계의 측정의 순서로 이루어짐.
사전적 정의는 개념적 정의임. 변수를 조작적으로 정의하는 방법은 한정되어 있지 않음.

정답 ④

제4장
|
사회조사방법의 기본 개념(2)

1. 가설

1) 가설(hypothesis)의 정의
① 어떤 현상을 설명하거나 그 현상과 관계된 변수들 간의 관계를 설명하기 위하여 가정적으로 설명하는 것
② 가설은 두 개 이상의 변수나 현상 간의 특별한 관계를 검증 가능한 형태로 서술하여 변수들 간의 관계를 가정 혹은 예측하는 진술이나 문장임. 즉, 연구주제를 조사 가능하게 구체적으로 조작화한 것으로 문제에 대한 잠정적인 해답이라 할 수 있음
③ 가설은 실증적인 확인을 위해 구체적이어야 하고, 현상과 관련성을 가져야 하며, 아직 진실 여부가 확인되지 않은 것임
④ 과학적 조사방법의 첫 번째 단계가 조사문제의 선정이며, 두 번째 단계로서 가설을 설정하여 조사문제를 구체화하고, 세 번째 단계로 가설의 실증적인 검증(참인지, 거짓인지)이 이루어짐
⑤ 가설 구성은 대체적으로 다음과 같은 과정을 통해 이루어짐
  – 연구주제와 관련된 이론, 연구논문을 많이 읽는 과정을 통해 이루어지는 경우가

많음. 자신이 연구주제와 관련 있는 논문을 찾아서 읽는 것이 중요함

- 다른 사람의 논문을 읽는 과정에 그 논문과 비슷한 관점에서 또는 다른 관점에서 연구주제를 분석해 볼 필요가 있음
- 연구주제와 관련하여 현실을 관찰·분석하는 과정이 필요함. 많은 경우 현실을 관찰·분석하는 과정에서 연구주제에 관한 좋은 아이디어를 얻을 수 있음

2) 가설의 작성

(1) 가설의 작성방법

가설 형식은 두 가지의 문장을 하나의 조건문 형태의 복문으로 결합한 형태를 취하며, 선정된 변수들과 이들 사이의 관계를 나타냄

예) 만약 A이면, B이다: 만일 A가 진실이면 B도 진실이다.

예) A할수록 B하다: 청소년의 학교 결석횟수가 증가할수록 학업성취도는 낮을 것이다.

(2) 가설 평가기준 ★★★

① 경험적 입증 가능성: 실제 자료를 통해 진위가 입증될 수 있어야 함

② 명료성: 간단하고 명료하게 표현되어야 함

③ 간결성: 논리적으로 간결해야 함

④ 계량화 및 수량화: 가설에 포함된 변수의 계량화가 가능해야 함

⑤ 일반화: 검증결과를 광범위하게 이용할 수 있어야 함

⑥ 한정성: 동어반복적이지 않아야 함(예: 시험점수가 좋으면 학점이 좋을 것이다.)

> 3개 이상의 변수들을 포함하는 가설은 그에 대한 검증이 매우 복잡해질 가능성이 있기 때문에 가능하면 단순한 가설을 만들어 검증하는 것이 적절함.

(3) 좋은 가설을 서술하기 위한 조건 ★★★

① 가설은 둘 이상의 변수들이 어떤 형태로 서로 관련되어 있는지를 명확하게 서술해야 함. 'A가 변하면 B도 변한다' 라든지 혹은 더 구체적으로 'A가 증가할 때, B는 감소한다' 의 서술처럼 방향까지도 제시하고 있음

② 가설에 포함된 변수들은 실제로든 혹은 잠재적으로든 측정 가능한 것으로 서술되어야 함. 변수들 간의 관계는 경험적인 검증이 필수적이기 때문임

(4) 가설 구성 시 고려사항

① 연구문제를 해결해 줄 수 있어야 함

② 가설은 연구분야의 다른 가설이나 이론과 연관이 있어야 함

③ 가설은 경험적으로 검증할 수 있어야 함

④ 가설의 표현은 간단하고 명료해야 함

⑤ 가설은 가능한 하나의 독립변수와 종속변수 간의 관계로 기술함

　예) 'IQ가 높고 부유한 학생들은 학교성적이 높다' (X) → 독립변수(IQ, 부유함)가 두 개 있어서 좋지 않음 → 'IQ가 높은 학생 일수록 학교성적이 높다' / '부유한 학생일수록 학교성적이 높다' 로 가설을 2개로 나누는 것이 좋음

⑥ 가설은 가능하면 광범위한 적용범위를 가지고 있어야 함

　예) 'IQ 110 이상의 학생들이 학교성적 상위 10%에 속하는 비율이 높을 것이다' (X) → 'IQ가 높을수록 학교성적이 높을 것이다' (O)

⑦ 너무 당연한 관계를 가설로 세우는 것은 좋지 않음

　예) '대학생들의 평균 연령은 고등학생들의 평균 연령보다 많을 것이다' → 당연한 사실이므로 가설로 적합하지 않음

3) 가설의 유형 ★★★

(1) 연구가설(실험가설)

① 과학적 가설, 작업가설, 실험가설이라고 함. 영가설을 통해 간접적으로 검증되며 직접적으로 검증되지 않음. 연구가설은 영가설과 반대로 가설을 설정하는 것을 말함

② 연구가설은 2개 이상의 모집단 또는 변수 간에 차이가 있다고 가정하는 것, 또는 독립변수가 종속변수에 영향을 미친다고 예측하는 것을 의미함. 이론으로부터 도출된 가설로서 검증될 때까지는 조사문제에 대한 잠정적 해답으로 간주되는 가설

　예) 일하는 노인은 일하지 않는 노인보다 생활만족도가 높을 것이다.

(2) 영가설(귀무가설, H0) ★★

① 연구가설을 부정하거나 기각(반증)하기 위해 설정하는 가설. 변수 간의 차이가 없다거나 관계가 없다는 내용으로 서술됨

② 영가설은 2개 이상의 모집단 또는 변수 간의 차이가 없음을 예측하는 것을 말하거나, 독립변수가 종속변수에 영향을 미치지 않는다고 가정하는 것을 의미함

③ 분석결과에 따라 영가설이 채택되면 연구가설을 기각하는 것이며, 영가설이 기각되면 연구가설을 채택하는 방식으로 활용됨

예) 일하는 노인은 일하지 않는 노인과 생활만족도에 있어 차이가 없을 것이다.

(3) 대립가설(대안가설, H1)

① 영가설에 대립되는 가설, 즉 영가설이 거짓일 때 채택하기 위해 설정되는 가설

② 대립가설의 형식은 'A와 B는 관계가 있을 것이다', 'A에 따라 B는 차이가 있을 것이다' 라고 설정함

예) 일하는 노인은 일하지 않은 노인과 생활만족도에 있어 차이가 있을 것이다.

2. 이론(theory)

1) 개념

① 가설이 조사결과와 비교하여 경험적인 검증을 통해 사실과 부합되는 것으로 밝혀지면 이론이 됨. 이론은 경험적인 검증을 통해 확인된 사실에 대한 서술이라고 함

② 정형화된 이론은 공리, 전제조건, 정리, 명제, 가설, 경험적 일반화 등의 서술 형태들을 포함함

③ 일반적으로는 서로 밀접한 관계를 가진 두 개 이상의 진술들이 모여 하나의 이론이 정립된다고 할 수 있음

④ 이론은 개념, 변수, 명제들을 구성요소로 하여 변수들 간의 관계의 형태로 서술되며, 어떤 현상을 체계적으로 설명하는 목적을 달성함

2) 이론에 대한 정의

이론은 학자에 따라 약간씩 다르게 규정됨

① 머튼(Merton): "이론은 경험적 검증이 가능하고 통일성을 지닌 논리적으로 상호 연결된 일련의 관계"

② 커링커(Kerlinger): "이론은 현상에 대한 설명과 예측을 목적으로 변수 간의 관계를 밝힘으로써 그 현상에 대한 체계적인 견해를 제공하는 일련의 정의"

③ 채구묵: "이론이란 사물이나 현상을 일정한 원리와 법칙에 따라 설명하는 경험적 검증이 가능한 진술"

3) 이론의 체계

(1) 연역적 이론체계 ★★

① 연역적 접근방법은 사건과 사건 사이의 필연적 관련성을 그 형식적 구조를 통해 밝히는 추론방법으로, 먼저 어떤 관념, 직관 혹은 기존의 이론에서 임시적인 이론을 세워 이를 경험 혹은 관찰을 통하여 검증함으로써 이론을 형성하는 방법

② 연역적 접근방법은 보편적인 원리에서부터 부분에 대한 지식을 이끌어 냄. 일반적(general)인 것으로부터 특수한(specific) 것을 추론해 내는 방법임

③ 연역적 방법은 전형적인 과학적 방법이라는 실증주의적 입장에서 이론을 형성할 때 보통 사용하는 접근방법. 연구주제나 연구가설을 우선적으로 결정하는 것이 연역법의 핵심 사항임

④ 연역적 방법의 단계는 다음과 같음

- 선택한 연구주제나 연구문제를 하나 또는 여러 개의 명제로 구성함. 이때 명제를 구성하는 개념을 정확하게 정의하고, 정의된 개념으로 형성된 명제가 연구주제와 연구목적에 타당하고 적절한지를 판단함
- 명제를 검증할 수 있도록 하나 또는 몇 개의 가설 형태로 구성함
- 필요한 자료를 수집하고 분석해서 연구가설을 증명하면 이론이 형성됨

> 주제선정 → 관찰 → 유형발전 → 임시결론 / 가설 수용 또는 기각

⑤ 연역적 논리(deductive logic)는 일반적인 사실에서 특수한 사실들을 이끌어 내는 방법. 전형적인 과학적 방법이라 불리는 실증주의(positivism) 입장에서 이론을 만들 때 보통 사용하는 것. 삼단논법(syllogism)이 이에 해당됨

> (논리, 이론, 일반화된 설명) – 모든 사람은 죽는다.
> (조작화) – 소크라테스는 사람이다.
> (관찰, 경험) – 그러므로 소크라테스는 죽는다.

(2) 귀납적 이론체계 ★★

① 귀납적 논리(inductive logic)는 연역적 방법과는 반대의 순서로 이론과 경험을 결합함. 즉, 특수한 경우들을 통해 일반적인 원리로 도달하는 방법임

② 객관적이기 위해서는 현상의 분석 절차와 방법이 계량적이어야 하며, 이를 위해 통계적인 분석이 필요하게 됨. 이 방법은 특수한(specific) 사실을 전제로 하여 일반적인 진리 또는 원리로서 결론을 내리는 방법으로, 과학자가 관찰한 사실을 설명하기 위해 이론을 형성해 가는 과정임

③ 귀납적 방법은 실증주의적 방법에 반대하는 과학적 방법론자에 의해 주로 사용됨. 귀납적 방법의 단계는 다음과 같음

- 연구주제 선정. 조사연구자가 관심 있는 문제 또는 분야를 인식하는 차원에서 출발
- 연구주제 관찰. 조사연구자가 연구대상이 된 경험세계의 현상이나 환경을 객관적으로 관찰하고, 관찰한 결과를 기록함
- 유형 발견. 기록된 관찰결과가 어떤 규칙에 따라 일정한 유형으로 전개 되는 것을 발견함
- 왜 일정한 유형이나 규칙성이 존재하는가를 설명하고 임시적 결론을 내림

> 가설 → 조직화 → 관찰 → 검증(이론)

④ 귀납적 방법은 연역적 방법과는 반대의 순서로 논리와 경험을 결합함

(관찰) A도 죽는다.

(관찰) B도 죽는다.

(관찰) 소크라테스도 죽는다.

(이론) 그러므로 모든 사람은 죽는다.

⑤ 이론을 검증하기 위해 행해지는 관찰과 관찰을 통해 이론을 형성하는 귀납적 방법
이 되풀이되면서 사회과학이론은 보다 정교해져 가는 것임

〈 연역적 방법과 귀납적 방법의 순환관계 〉★★★

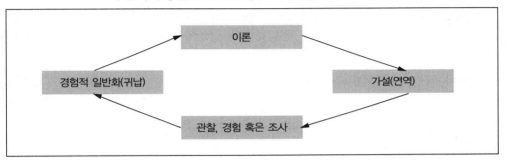

⑥ 이론의 기능: 형성된 이론은 연구주제를 선정하고, 가설을 설정하며, 새로운 이론
을 개발하는 데 도움을 줌

- 이론은 연구의 주제를 선정하는 데 아이디어를 제공함. 우리가 처음에 어떠한 분
야를 연구하고자 할 때 어떤 주제를 어떤 방향으로 연구해야 할 것인지 막연할
때가 많음. 이러할 때 이론은 지침을 제시해 줌

예) 폭력 하위문화이론을 연구주제로 설정하였을 때, 어린 시절 부모에게 학대 또
는 폭력을 당한 경험과 청소년 비행과의 관계를 연구주제로 선정할 수 있음

- 이론은 가설을 설정하는 데 도움을 줌. 많은 경우 연구의 주제가 너무 일반적이
고 추상적이어서 어떤 내용을 조사해야 할지 어려운 경우가 많음. 이럴 때에 조
사 가능한 구체적인 가설을 세우는 데 필요한 변수 간의 관계를 파악하도록 함으
로써 가설 설정에 도움이 됨

- 이론은 새로운 이론을 개발하는 데 도움을 줌. 이론은 사물이나 현상 간의 관계

를 다른 관점에서 보도록 함으로써 새로운 이론 도출에 도움을 줌

　　예) 에릭슨은 프로이드의 정신분석이론을 학습하였으나 이 이론과 다른 관점을
　　　　가지고 사실을 관찰하고 연구하여 에릭슨의 심리사회이론을 발달시켰음

- 이론은 조사결과에 의해 확증되거나 수정되어 더 넓은 범위로 확대 적용되는 과
　정을 통해 발전됨
- 이론은 연구의 범위, 방향, 변수 간의 관련성, 자료수집방법, 분석방법 등 연구
　전반에 걸친 기본적인 지침을 제공해 줌. 또한 현상을 전체적으로 균형 있게 볼
　수 있도록 도움을 제공하며, 현상을 다양한 관점에서 관찰하여 새로운 이론이 발
　전하는 데 기여함. 반면에 이론은 조사결과에 의해 검증되고 수정되며, 이러한
　과정을 통해 과학적 지식이 발전되는 데 기여함

01) 양적 연구의 가설에 관한 설명으로 옳지 않은 것은? (13회 기출)

① 변수 간 관계를 검증 가능한 형태로 서술한 문장이다.

② 가설은 연구문제 해결에 도움을 줄 수 있다.

③ 영가설은 독립변수가 종속변수에 영향을 미치지 않는다고 설정한다.

④ 하나의 가설에 변수가 많을수록 가설 검증에 유리하다.

⑤ 탐색적 조사는 가설을 설정할 필요가 없다.

☞ 해설

④ 가설은 가능한 2개의 변수 간의 관계로 기술하는 것이 좋음.

정답 ④

제5장
|
조사의 유형과 절차

1. 조사의 유형

1) 조사의 목적에 따른 분류 ★★

사회복지조사를 위한 목적은 탐색(exploration), 기술(description), 설명 (explanation)이라고 할 수 있음

(1) 탐색적 조사 ★★

① 탐색적 목적의 조사(exploratory study)는 어떤 문제 영역에 대한 선행지식이 부족하거나 문제에 대한 통찰을 얻은 후 연구문제를 형성하거나 가설을 설정하기 위해, 그리고 중요한 연구에서 사용할 방법을 개발하고자 하는 경우에 주로 사용됨
② 탐색적 조사는 선행지식이 부족한 문제의 답에 대한 힌트를 얻고 문제 형성 및 가설 설정을 위한 기초자료를 수집할 수 있다는 의의를 가지지만 연구질문에 대한 충분한 답을 주지 못하며, 연구결과들을 다른 상황에 적용하기 힘들다는 한계를 가짐

(2) 기술적 조사 ★★

① 기술적 목적의 조사(descriptive study)는 조사대상의 현황이나 사건 또는 상황에 대한 객관적이고 정확한 기술과 묘사에 초점을 둠. 따라서 조사자는 연구를 통해 과학적 사실을 파악하고 분석한 내용을 구체적으로 기술하여 제시하는 것으로 주로 여론조사나 인구센서스 조사 등에서 전형적으로 나타남

② 기술적 조사는 사회복지프로그램을 만들거나 발전시킬 수 있는 주요 정보를 제공해 줄 수 있음. 즉, 현상의 형태나 분포, 크기, 비율 등 단순 통계적인 것들에 대한 정보를 구체적으로 기술하고 묘사하는 것을 목적으로 하는 것임

③ 기술적 조사는 탐색적 조사보다 한 단계 발전된 수준의 지식을 개발할 수 있지만, 특정 현상에 대한 원인 인과관계를 확인하고자 하는 것은 아님

(3) 설명적 조사 ★★

① 설명적 목적의 조사(explanatory study)는 사회현상에 대한 원인을 밝힘으로서 사건이나 현상을 설명하고자 하는 것을 목적으로 함. 즉, 여러 변수들 간의 관계에 대한 설명을 시도하고자 하는 것임

② 설명적 조사는 탐색적 조사, 기술적 조사 목적을 충족시킨 상태에서 실시될 수 있음. 이유는 탐색과 기술을 통해 알려진 선행 지식들을 통해 현상의 원인을 유추하고 가설 설정 및 측정이 가능해지기 때문임

③ 설명적 조사는 변수들 사이의 인과관계를 밝혀내는 데 목적이 있음. 따라서 '만약 X라면 Y일 것이다' 등과 같은 가설을 설정하고 가설을 검증하는 과정을 통해 '왜' 그 현상을 유발시키는 데 특정 변수가 영향을 미치는지에 대한 설명을 시도하는 것임

2) 시간적 차원에 따른 분류

조사에서 관찰은 단 한 번에 이루어지기도 하고 상당 기간 동안 반복해서 실시되기도 함. 이처럼 관찰이 이루어지는 기간에 따라 횡단적 조사(cross-sectional study)와 종단적 조사(longitudinal study)로 구분됨

(1) 횡단적 조사 ★★

① 횡단적 조사(cross-sectional study)는 어떤 특정 현상을 연구함에 있어서 어느 한 시점에서 나타나는 그 현상의 단면을 분석하는 연구임

　예) 단 한 번의 조사결과를 가지고 연령별, 성별, 사회·경제적 지위 등 대상자의 특성들에 어떤 차이가 있는지 비교하는 것

② 횡단적 조사는 탐색적, 기술적, 설명적 목적을 가질 수 있음

　예) 인구센서스조사

③ 설명적 목적을 가진 횡단적 조사는 한 가지 문제를 내포하고 있음

　– 횡단적 조사의 특성상 관찰이 단 한 번에 이루어지기 때문에 인과관계의 기본 전제인 시간적 선행성, 즉 변수 간의 관계에서 독립변수인 원인이 결과인 종속변수 앞서서 발생해야 하다는 것을 입증하지 못함

④ 횡단적 조사는 비용과 시간이 적게 들고, 대부분 대규모 표본조사로 실시되기 때문에 일정 시점에서 특정 표본이 가지고 있는 특성을 파악하고 집단을 분류하는 것으로서 사회복지분야에서 많이 사용되는 조사 유형임. 반면 어떤 현상의 진행과정이나 변화를 측정하지 못한다는 한계를 가짐

⑤ 횡단적 조사의 특성

　– 일정 시점에서 측정하므로 정태적임

　– 주로 표본조사를 실시하며 측정이 반복적으로 이루어지지 않음

　– 조사대상의 특성에 따라 여러 집단으로 분류하기 때문에 표본의 크기가 커야 함

(2) 종단적 조사 ★★

① 종단적 조사(longitudinal study)는 일정 기간에 걸쳐서 나타나는 어떤 과정에 대하여 기술하고자 하는 목적으로 여러 시점에 걸쳐서 조사를 반복하는 조사유형임

② 종단적 조사는 횡단적 조사와 반대로 복잡하고 비용이 많이 드는 반면, 인간의 행위 또는 사회현상의 진행과정이나 변화 등을 조사하는 데 유리함

　예) 사회복지실천의 개입의 효과를 검증: 개입 이전의 클라이언트의 상태와 개입 이후의 상태를 비교하여 그 치료의 효과를 확인

③ 종단적 조사의 특성

- 일정한 시간적 간격을 두고 측정하므로 동태적임
- 주로 표본조사를 활용하여 장기간 동안 측정이 반복해서 이루어짐
- 장기간에 걸쳐 조사대상자와 상황의 변화를 조사할 수 있음
- 장시간 반복적으로 조사가 이루어지기 때문에 시간과 비용이 많이 듦

④ 종단적 조사는 패널조사(panel study), 경향조사(trend study), 동년배조사(cohort study)로 구분됨

- 패널조사(panel study)
  - 일정한 간격을 두고 동일한 대상을 동일한 문항으로 반복 조사하는 조사유형
    예) 장애인의 노동시장 참여와 고용상태의 변화를 파악하기 위하여 장애인을 대상으로 표본을 선정하여 특정 해부터 매년 동일한 대상을 추적하여 조사하는 것
  - 대상자들에 대한 반복적인 관찰을 통해 그들의 삶에 있어서 일어나고 있는 변화에 대한 포괄적인 자료를 얻을 수 있게 됨
  - 하지만 비용과 시간이 많이 들고 수행하기에 어려우며, 시간이 지남에 따라 조사대상자인 패널이 중도에 탈락하는 문제가 발생함. 동일한 대상에게 동일한 조사내용을 반복해서 조사함으로 인해 초기의 조사가 조사 후기에 영향을 미치는 조사반응성을 유발시킬 수 있는 한계를 가짐

- 경향조사(trend study)
  - 추세조사라고도 함
  - 시간의 흐름에 따라 나타나는 대상자집단의 변화를 관찰하는 조사유형
    예) 1990년대와 2000년대, 2010년대의 10대들의 소비성향을 비교

- 동년배조사
  - 동년배조사(cohort study)는 코호트조사라고도 함
  - 시간의 변화에 따른 특정 동류집단(cohort)의 변화를 관찰하는 조사유형. 일반적으로 동류집단은 동시대에 태어난 동년배일 경우와 같이 유사한 경험을 공유한 집단을 말함
    예) 전쟁 직후의 '베이비붐 세대 '나 ' 386세대 '와 같이 동일한 연령대 집단

2. 조사의 절차 ★★★★

> 연구문제형성–가설설정–조사설계–자료수집–자료분석 및 해석–조사보고서 작성

1) 연구문제의 형성(formulation of research problems)

(1) 개념
연구의 구체적인 목적인 연구주제를 선정하는 것

(2) 사회과학에서 두 가지 연구문제
① 심리학과 사회학 같은 기초사회과학의 경우 인간과 사회에 대한 보다 추상적이고
   기본적인 의문들을 제기함
   예) '빈곤은 무엇인가', '가족의 형태는 어떻게 변화하고 있는가' 등
② 사회복지와 같은 응용과학에서는 보다 직접적이고 실용적인 의문에서 출발하여
   실질적인 해답을 제시함
   예) '현재와 같은 공공부조프로그램이 빈곤의 감소에 기여할 것인가', '미혼모 가
       족의 아동양육에 대해 어떤 서비스가 적절할 것인가', '청소년의 사회성 발달을
       촉진하기 위해 개발되어야 할 통합적 접근은 무엇인가' 등

(3) 연구문제 형성
연구문제를 형성하는 것은 일반적으로 사회현상에 대한 의문으로부터 출발함

(4) 사회복지조사에서 문제가 도출되는 경로
① 기존 지식의 한계가 확인될 때
   예) 미혼모 문제에 관심
② 조사문제나 해답이 실천 현장에서 활용될 수 있는 경우. 사회복지조사에서 중요한
   질문들은 실천 현장에서 비롯되는 경우가 많음
   – 실천 현장의 경험으로부터 도출된 의문에 대한 해답은 실천 현장에 즉각적이고
     도 실용적으로 활용될 수 있다는 장점을 지님

③ 개인적인 경험에 의해 연구문제가 형성될 수 있음
　　－ 연구자의 경험과 축적된 지식은 연구문제를 형성하는 근원이 될 수 있음
　　－ 개인적인 동기에서 비롯된 연구의 경우 주관성을 배제하기 어렵다는 한계를 가
　　　지며, 이로 인해 특정 자료가 선호되거나 결과의 해석에서 개인적인 감정과 가치
　　　가 개입될 위험성이 수반될 수 있음

2) 가설 설정 ★★

가설의 개념
가설(hypothesis)이란 둘 이상의 변수들 간의 관계에 대한 구체적인 진술. 가설
은 문제해결성, 상호연관성, 검증가능성, 명확성과 확률적 표현, 구체성을 전제
로 함

3) 조사설계 ★★

조사설계(research design)는 조사연구방법(research methodology)을 결정하
는 것으로, 연구문제에 대한 해답을 얻기 위하여 실제로 어떠한 연구방법을 사
용할 것인가를 결정하는 과정
조사설계는 전반적인 조사의 과정을 이끌어 주는 계획과 전략으로 조사대상자
의 선정, 측정도구의 선정, 표집(sampling)과 자료수집, 자료분석방법 등에 대
한 결정을 모두 포함하는 과정임

4) 자료수집

조사설계에서 채택된 자료수집(data collection)방법에 따라 자료들을 직접적으로 수
집하는 단계
　　－ 자료는 관찰, 면접, 설문지 등 여러 가지 방법을 통해 수집되는데, 문제의 성격과
　　　연구범위에 따라 최대한 객관성을 높일 수 있는 방법을 사용해야 함
　　－ 자료수집의 방법으로는 설문조사법, 면접조사법과 관찰법 등 대상자에게 직접

자료를 수집하는 1차 자료수집방법과 이미 다른 주체에 의해 조사가 이루어져 공개된 2차 자료를 활용하는 간접 자료수집방법이 사용됨

5) 자료분석 및 해석 ★★

수집된 자료들은 분류화, 부호화 등을 거쳐서 입력(cording)되고, 입력된 자료들은 통계기법을 활용하여 분석(data analysis)의 단계를 거침
자료에 대한 분석방법 역시 연구의 목적에 적합한 것이어야 함. 양적 연구에서는 통계적 기법을 통한 자료분석을 중시하며, 각종 통계치들에 대한 해석능력을 필요로 함. 자료분석이 끝나면 결과에 대해 의미 있는 해석이 이루어져야 함

6) 조사보고서 작성 ★★

사회복지조사과정의 마지막 단계는 조사보고서 작성하는 것(report write)임
조사보고서는 조사의 시작부터 경험적 결론의 제시까지 조사연구의 전 과정을 일목요연하게 정리하는 것
조사보고서에 담겨져야 하는 내용
① 문제제기와 연구의 필요성(서론)
② 조사설계, 변수구성, 측정도구 및 자료수집방법 등 전반적인 조사방법에 대한 설명
③ 연구결과
④ 결과에 대한 논의 및 제언, 연구의 제한점
⑤ 참고문헌 및 부록

3. 분석단위

1) 분석단위의 개념
누구를 대상으로 하며 무엇을 연구하는가는 분석단위와 관련됨. 일반적으로 대부분의 사회과학연구에서는 개인을 분석단위로 함

예) 다수의 개인을 관찰하여 성별, 연령별, 소득별 가치와 태도 등 개인의 특성을 기술하는 연구들은 모두 개인을 분석단위로 자료수집을 하게 됨
　- 분석단위란 어떤 현상을 설명하기 위해 가장 먼저 고려하고 기술되어야 하는 단위를 말함

2) 분석단위의 유형
(1) 개인
사회복지조사에 가장 많이 사용되는 분석단위

(2) 집단
① 사회집단이 사회복지조사의 분석단위가 될 수도 있음
　- 유의할 사항은 사회집단을 분석단위로 한다는 것은 그 집단의 구성원인 개인을 연구한다는 것이 아님
② 가정, 또래, 동아리, 도시, 시군구, 읍면동, 특정지역, 공식적 사회조직 등도 분석단위가 될 수 있음

(3) 사회적 가공물
사회복지조사를 할 때 책이나 소설, 자서전, 그림, 음악 또는 영화 등과 같은 사회매체를 대상으로 연구를 수행할 때가 있음. 이러한 것들을 사회적 가공물(social artifacts)임

3) 분석단위와 관련된 오류
(1) 분석단위와 관련된 오류
어떤 현상을 설명하기 위해 가장 먼저 고려하고 기술되어야 하는 단위로, 연구를 시

작하면서 규정한 분석단위를 기반으로 수집된 자료를 분석하고 해석하는 과정에서
분석단위의 적용상 오류가 발생할 수 있음

(2) 분석단위와 관련된 대표적인 오류 ★★★
생태학적 오류, 개별주의적 오류, 축소주의적 오류로 구분할 수 있음
① 생태학적 오류(ecological fallacy)
　– 집단을 단위로 조사한 것을 근거로 하여 개별 단위에 적용하여 해석하는 것을 말함
　　예) 고령화 비율이 높은 특정 지역에서 그렇지 않은 지역에 비해 특정 정당을 지
　　　　지하는 비율이 높다는 것을 조사과정에서 확인한 연구자가 연구결과의 해석
　　　　에서 '노인의 특정 정당지지 정도가 젊은 사람에 비해 높다' 라고 결론을 내
　　　　린다면 생태학적 오류를 범하는 것임
② 개별주의적 오류(individualistic fallacy)
　– 개체주의적 오류 또는 원자 오류라고도 함
　– 집단을 단위로 조사한 것을 근거로 하여 개별 단위에 적용하여 해석하는 생태적
　　오류와 반대로 개인을 단위로 조사한 것을 근거로 집단단위에 적용하여 해석함
　　으로써 발생하는 오류
③ 축소주의적 오류(reductionism fallacy)
　– 환원주의적 오류라고도 함
　– 어떤 현상의 원인을 특정 요인으로 제한하여 해석함으로써 발생하는 오류를 말함
　– 사회현상을 연구할 때, 예측할 수 있는 다양한 변수들의 관계를 고려하여야 하지
　　만, 간혹 연구자들의 인식의 한계 또는 관점과 가치가 반영됨으로 인하여 특정한
　　요인들로만 그 현상을 설명하는 경우가 발생함
　　예) 청소년 비행을 유발시키는 원인에 대한 연구를 진행하였을 때, 교육학자, 가
　　　　족학자, 심리학자 등 분야별로 해석의 초점이 달라질 수 있음

01) 패널조사를 통해 가난이 청소년 비행에 미치는 영향을 조사하려고 한다. 조사방법의 종류로 적절하게 묶인 것은? (7회 기출)

① 탐색적 조사 – 횡단 조사 – 양적 조사　　② 설명적 조사 – 종단 조사 – 양적 조사

③ 기술적 조사 – 횡단 조사 – 질적 조사　　④ 기술적 조사 – 종단 조사 – 양적 조사

⑤ 설명적 조사 – 횡단 조사 – 질적 조사

☞ 해설

사실과의 인과관계를 규정하고자 하므로 설명적 조사, 가설과 이론 검증 목적이 있으므로 양적조사 방법이 적절하며, 패널조사는 종단조사의 방법 중 하나로서 가난이라는 시간적 우선성을 검증할 수 있음.　　　　　　　　　　　　　　　정답 ②

02) 조사의 유형에 관한 설명으로 옳은 것은? (14회 기출)

① 질적조사는 평가연구에 활용될 수 없다.

② 시계열설계 유형은 평가연구에 활용될 수 없다.

③ 내용분석은 인간의 의사소통기록을 분석한다.

④ 코흐트(cohort)조사는 구축된 패널을 매회 반복 조사한다.

⑤ 종단연구로는 특정 현상의 추이를 분석할 수 없다.

☞ 해설

③ 내용분석은 비반응적 자료수집 방법을 활용한 대표적인 조사방법이다.

① 질적조사는 평가연구에 활용될 수 있음.

② 평가연구자들은 실험 또는 유사실험 설계를 사용함. 유사실험설계의 예로는 시계열 설계와 비동일통제집단의 사용을 들 수 있음.

④ 코흐트 조사가 아니라 패널조사에 대한 내용임.

⑤ 종단연구는 특정현상의 추이를 분석할 수 있음.

　　　　　　　　　　　　　　　　　　　　　　　　　　　　정답 ③

제6장
|
측정과 측정수준

1. 측정의 개념

1) 측정의 정의 ★★

(1) 측정(measurement)의 개념

① 측정이란 일정한 규칙에 따라 어떤 대상(object)이나 사건(event)에 대하여 숫자
(number)를 부여하는 것이라고 정의함
  - 측정의 정의에는 '수치나 수'와 '배정'이라는 두 가지 요소가 포함되어 있음을
    알 수 있음
  - 수치는 대상이나 사건과 관련은 있지만 계량적 의미는 가지고 있지 않는 상징을
    말함. 따라서 수치를 가지고는 사건의 횟수나 양의 정도를 알 수 없음
② 측정이란 일정한 규칙에 따라 이러한 대상의 특성이나 속성에 대해 어떤 경험적
  상징을 체계적으로 부여하는 과정임

(2) 측정에서 중요한 점

① 측정에 있어 중요한 것 가운데 하나는 측정의 규칙을 세우는 것임

- 규칙은 우리가 무엇을 해야 하는가에 대하여 설명해 주는 지침, 방법, 명령을 말함
- 측정의 규칙은 측정하려는 대상이나 사건에 대하여 그것을 측정하기 위한 수치를 어떻게 배열하느냐 하는 것을 결정해야 하는 것임
- 예) 선호도를 측정 할 때: 선호도에 따라 1에서 5까지 숫자를 부여하는데 만일 가장 선호하는 경우에는 5, 가장 싫어하는 경우에는 1을 부여하라고 규칙에서 정했으며, 이 사이에 있는 경우에는 1과 5의 숫자를 부여하라는 뜻
- 변수는 측정과 간련된 규칙이 단순하기 때문에 측정하기가 쉬움. 이런 변수의 예로 나이, 소득, 계급, 인종 등이 있음

② 사회복지에서 관심을 가지는 변수들 중에는 복잡한 변수가 많음. 따라서 규칙을 정확하게 잘 정해야 함

　예) 자아존중감의 수준, 우울의 정도, 클라이언트의 만족도와 같은 변수들을 측정하는 것과 관련된 규칙을 파악하고 적용하는 것은 간단하지 않음. 이런 경우에도 규칙을 정확하게 잘 정하여야 함

2) 측정의 역할 및 의의

(1) 측정의 역할

과학적 조사연구에서 측정이 중요시되는 것은 측정이 다음과 같은 역할을 하기 때문임

① 측정은 가장 표준화된 묘사의 방법임. 어떤 대상이나 사건을 가장 적절하고 일관성 있게 묘사해 줄 뿐만 아니라, 다른 방법에 의해서는 표현이나 묘사 불가능한 것도 묘사를 할 수 있도록 해줌

② 측정은 가장 간편한 묘사의 방법임. 측정은 주민등록번호나 전화번호와 같이 대상이 무엇인지 또는 어디에 속하는지를 식별하거나, 대상의 크고 작음 그리고 많고 적음을 간편하게 묘사할 수 있도록 해줌

③ 측정은 자료를 수집하고 조직화하는 데 있어 기본적인 단계로서, 통계적으로 분석될 수 있도록 자료를 처리하는 필수적 절차임

④ 측정은 관념적 세계와 경험적 세계 간의 교량의 역할을 해줌. 측정은 조사문제나 가설상의 추상적인 개념을 경험적으로 검증해 주는 중요한 역할을 함

⑤ 측정의 절차는 연구자가 측정하고자 하는 실제 현상과 가능한 한 같은 모형이 되

어야 함. 이것을 '현실동형의 원칙(reality isomorphism principle)' 이라 함. 만일 측정을 통해 실제를 경험적인 수치로 바꾸지 못한다면 그 연구는 현실과 동떨어진 연구 결과를 낳게 될 것임

(2) 측정의 의의

측정은 경험적 세계와 논리적 세계를 이어 주는 역할을 함. 그러므로 측정하는 과정이 없을 경우에는, 사회복지조사를 실시하지 못할 수 있음. 측정을 통해서, 사회복지조사를 객관적이고 표준적으로 수행할 수 있게 됨

① 측정은 수치나 수를 배정하는 것인데, 이런 측정을 통해서 조사자는 실제 세계를 더 정확하게 잴 수 있음

② 과학적 방법이 가지는 중요한 특성의 하나는 각각의 조사자가 수행한 조사를 다른 조사자가 재현해서 증명할 수 있다는 점

   – 측정방법을 구체적으로 제시 할 경우에는, 서로 다른 조사자는 동일한 방식으로 변수를 측정할 수 있으며, 각각의 조사자가 조사를 해서 얻은 결과를 비교할 수 있음

2. 측정의 수준

1) 측정수준의 개념 ★★

(1) 개념

측정과정에서 어떤 변수에는 수치를 배정하고, 어떤 변수에는 수를 배정함

① '성'. 즉, 이런 변수의 경우에는 양적 의미가 없는 상징을 배정하고, '가족의 소득' 과 같은 변수의 경우에는 양적 의미가 있는 상징을 배정함. 이런 예는 측정의 '수준(level)' 과 관련됨

② 일부 변수를 측정 할 경우에는 수치를 배정. 측정의 수준을 '측정' 이라는 표현 대신에 '변수' 나 '척도' 라는 표현으로 설명하는 경우도 많음

(2) 측정의 수준 ★★

사회과학에서는 측정과 관련해 명목(nominal)수준, 서열(ordinal)수준, 등간 (internal)수준, 비율(ratio)수준을 제시하고 있음

예) 명목수준에서 측정된 변수를 명목변수라고 부름

2) 각 측정수준의 특성 ★★★

(1) 명목수준의 측정

① 명목적 측정은 측정대상의 특성을 분류하거나 확인할 목적으로 숫자를 부여하는 것임

② 가장 낮은 수준의 측정으로서 대상 자체나 대상의 특성이 이 과정을 통해 범주화 되거나 분류되며 글자 그대로 이름을 부여하는 명목적인(nominal) 것을 뜻함

③ 명목수준의 측정에서는 양적 의미가 없는 숫자(numeral)를 대상에게 부여함

④ 명목수준의 측정을 통해서 조사자는 다음과 같은 것에 관해서는 알지 못함

    – 범주들의 상대적 서열을 알 수 없음

    – 범주들의 서로 얼마나 떨어져 있는지를 알 수 없음

⑤ 명목수준의 측정에서 응답범주를 만들어 숫자를 부여할 경우에는 다음과 같은 두 가지 요건을 충족하여야 함

    – 포괄성(exhaustiveness)의 원칙

    – 상호배타성(mutual exclusiveness)의 원칙

⑥ 각 사례는 반드시 어느 하나의 범주를 가져야 하지만, 명확하게 들어맞는 오로지 한 개의 범주를 가져야 함

    – 명목수준의 변수는 속성들이 포괄성과 상호배타성의 특성만을 가지는 변수를 말함

        예) 성(gender)의 경우, 모든 사람은 하나의 범주에 속하면서 오로지 하나의 범주(남자 또는 여자)에 속함

⑦ 명목수준에서 측정된 변수를 분석하기 위해서는, 변수의 각 범주의 빈도를 계산하는 방법을 사용함

    – 명목수준의 측정에서는 빈도와 관련된 통계를 사용할 수 있음

– 명목수준의 측정에서는 덧셈이나 뺄셈, 곱셈, 나눗셈을 할 수 없음

(2) 서열수준의 측정

① 서열수준의 측정에서는 어떤 차원에 따라서 서열(순위)을 정할 수 있음

② 서열수준 측정의 특성

– 서열수준의 측정된 변수는 명목수준에서 측정된 변수의 특성을 모두 가지고 있음

– 서열수준의 측정에서는 변수의 범주들에 대해 서열을 정할 수 있음

– 서열수준의 측정을 통해서는 변수의 범주들 사이에 얼마나 떨어져 있는지에 관해서는 알 수 없음

③ 서열수준에서 측정되는 변수의 예로 경제수준(상층, 중층, 하층의 범주로 구분)이 있음. 이 경우 경제수준을 '하층 ⟨ 중층 ⟨ 상층' 식으로 정할 수 있음

④ 서열수준에서 측정된 자료를 분석하기 위해, 여러 가지 통계기법을 사용함

– 이런 통계기법은 덧셈이나 뺄셈이나 곱셈이나 나눗셈을 하기보다는 서열을 정하는데 그 목적이 있음

– 서열수준의 측정에서는 덧셈이나 뺄셈이나 곱셈이나 나눗셈을 할 수 없음

(3) 등간수준의 측정

① 등간수준의 측정에서는 응답속성들이 서열화되어 있고 속성들 사이의 간격이 같음

② 등간수준 측정의 특성

– 등간수준의 측정은 명목수준의 측정이 가지는 특성(즉, 범주화)과 서열수준이 가지는 특성(즉, 서열화)을 모두 가지고 있음

– 등간 수준의 측정에서는 수학적 동일한 거리를 가지기 때문에, 측정하는 범주들 사이에 동일한 간격을 보여 줌

– 등간수준의 측정은 동일한 간격이라는 특성을 지니기 때문에, 등간수준의 측정에서는 변수들 범주 사이의 차이를 제시할 수 있음. 즉, 등간수준의 측정에서는 덧셈과 뺄셈을 할 수 있음

③ 등간수준에서 측정되는 변수의

– 예) 섭씨온도(℃)

(4) 비율수준의 측정

① 비율수준의 측정에서는 명목·서열·등간수준의 측정이 지니는 모든 특성이 존재하고, 여기에 추가해서 절대 0점(true zero point)이 존재함

② '0'이 실제적 의미를 가지고 있기 때문에 모든 사칙연산이 가능함. 따라서 비율척도의 숫자는 실제 양을 나타냄

③ 비율수준 측정의 특성

- 비율수준의 측정은 명목수준의 측정이 가지는 특성(즉, 범주화), 서열수준의 측정이 가지는 특성(즉, 서열화), 등간수준의 측정이 가지는 특성(즉, 동일한 간격)을 모두 가지고 있음

- 비율수준의 측정은 자연적 0점(절대 0점)을 가짐. 이것은 비율수준의 측정에서 0점은 측정하고 있는 특성이 완전히 존재하지 않은 상태에 해당된다는 것을 의미함

④ 비율수준에서 측정되는 변수의 예) 자녀의 수, 월 소득 등

3) 합성 측정

(1) 합성 측정의 개념과 의의

① 합성(복합) 측정이란 한 가지 문항만 사용해서는 응답자의 삶의 질을 정확하게 파악하기 어려움. 이런 복잡한 변수를 측정하기 위해 사용하는 것

- 일부 개념은 분명하기 때문에 하나의 문항으로 나타낼 수 있음
  예) 나이: '귀하의 나이는 만으로 몇 살입니까' 라는 문항을 통해 질문함으로써, 응답자의 나이를 비교적 정확하게 알 수 있음

- 너무 복잡하거나 여러 가지 측면을 가지고 있어서, 설문지에서 한 가지 문항만 가지고 측정하기 어려운 경우도 있음. 사회복지 분야에서 다루기 어려운 복잡한 변수의 예) 우울, 삶의 질, 생활만족도 등

- 합성 측정은 두 개 이상의 지표(indicator)로 구성된 측정도구를 말함. 여기서 지표는 개념을 구체적으로 관찰할 수 있게 하는 것을 가리킴

② 합성 측정의 의의

- 한 가지 문항으로만 측정하면 해당 변수를 잘못 대표할 가능성이 있음. 그러나 합성 측정에서는 여러 문항을 포함하기 때문에, 한 가지 문항만을 사용할 경우에

나타나는 문제를 크게 줄일 수 있음

- 합성 측정을 사용하면, 변수를 더 많은 범주로 구분할 수 있음. 한 가지 문항만을 사용할 경우에는 범주의 범위가 작지만, 여러 문항을 사용할 경우에는 범주의 범위가 커짐. 따라서 합성 측정에서는 더 세련된 서열수준의 측정이 가능해짐

(2) 합성 측정의 형태

① 합성 측정의 형태에는 지수(index)와 척도(scale)가 있음. 지수나 척도는 두 개 이상의 지표로 구성된 것을 말함

② 지수와 척도를 구분하는 것에 대해서는 학자들 사이에 의견 차이가 있음

- 지수는 몇 가지의 특정한 관찰치를 요약하고 순위를 정해서 더 일반적인 차원을 보여 주는 합성 측정을 말함. 지수는 측정하고자 하는 개념이 덜 추상적이고 그 속성이 양적인 특성을 지니고 있음

- 지수의 예) 유엔의 인간개발지수(Human Development Index: HDI). 인간개발지수는 유엔개발계획(UNDP)에서 각국의 교육수준, 개인당 국민소득, 기대 수명에 대한 통계를 토대로 해서 인간의 능력이 개발되는 정도를 평가하는 지수임

01) 다음에서 측정에 대한 설명으로 옳은 것은? (6회 기출)

> ㉠ 일정한 규칙에 따라 대상에 값을 부여
> ㉡ 자료수집과 조직화의 기본적인 단계
> ㉢ 추상적 개념을 현실의 경험과 연결시켜주는 수단
> ㉣ 측정은 물리적인 것에 국한된다.

① ㉠, ㉡, ㉢　　　　② ㉠, ㉢　　　　③ ㉡, ㉣
④ ㉣　　　　⑤ ㉠, ㉡, ㉢, ㉣

☞ 해설

측정은 물리적인 것에 국한하지 않음.

정답 ①

02) 척도의 종류가 각각 바르게 짝지어진 것은? (12회 기출)

> ㉠ 교육수준 – 중졸 이하, 고졸, 대졸 이상
> ㉡ 교육연수 – 정규교육을 받은 기간(년)
> ㉢ 출신 고등학교 지역

① ㉠: 명목척도 ㉡: 서열척도 ㉢: 등간척도
② ㉠: 등간척도 ㉡: 서열척도 ㉢: 비율척도
③ ㉠: 등간척도 ㉡: 비율척도 ㉢: 명목척도
④ ㉠: 서열척도 ㉡: 등간척도 ㉢: 명목척도
⑤ ㉠: 서열척도 ㉡: 비율척도 ㉢: 명목척도

☞ 해설

㉠ 교육수준: 교육수준은 서열(순위)을 정할 수 있으므로 서열척도임.

㉡ 교육연수: 교육연수는 명목수준의 측정이 가지는 특성(즉, 범주화), 서열수준의 측정이 가지는 특성(즉, 서열화), 등간수준의 측정이 가지는 특성(즉, 동일한 간격)을 모두 가지고 있으므로 비율척도임.

㉢ 출신 고등학교 지역: 출신 고등학교 지역은 서열(순위)을 정할 수 없음 즉, 범주들의 상대적 서열을 알 수 없는 명목척도임.

정답 ⑤

제7장
|
척도 및 척도화

1. 척도

1) 척도의 개념

(1) 척도란 측정을 위한 도구 ★★

① 사회과학에서는 어떤 개념을 한 문항으로만 측정하기 어려운 경우가 많아 보통 다수의 문항으로 구성된 척도를 사용해 측정하게 됨

② 척도란 측정대상의 개별적 속성들을 종합적으로 측정함으로써 변수와 관련된 여러 차원을 측정하고 각각의 차원에(각각의 지표에) 점수를 할당하여 항목 간(지표 간)에 서열을 가릴 수 있도록 함

 - 일정한 규칙에 따라 관찰된 현상에 대해 수치나 기호를 부여하기 위해 사용되는 도구

(2) 측정과 척도 ★★★

① 측정: 관찰된 현상에 대해 일정한 규칙에 따라 수치나 기호를 부여하는 것

② 척도: 측정을 위한 도구. 척도는 측정하고자 하는 대상에게 부여하는 숫자나 기호들의 체계임

(3) 유사한 용어 ★★

① 지수: 경험적으로 쉽게 인식할 수 있는 보다 객관적인 지표들로 구성된 것
② 척도: 사람들의 태도 등 주관적인 변수를 측정하기 위한 것
③ 지수와 척도의 공통점: 지수와 척도는 둘 다 한 개념을 복수 지표로 측정한다는 점에서 공통점을 갖고 있음

(4) 사회과학에서 척도를 사용하는 이유 ★★

① 척도는 하나의 단순지표로서는 제대로 측정하기 어려운 복합적인 개념들을 측정할 수 있음
② 여러 개의 지표를 하나의 점수로 나타냄으로써 자료의 복잡성을 덜어 주고, 변수에 대한 양적 측정치를 제공함으로써 정확성을 높일 수 있음
   – 특히 단일 문항보다 다수의 문항이 본래 의도한 속성을 정확히 측정하고, 보다 일관성 있는 결과를 제공한다는 측면에서는 측정치나 측정도구의 오차를 줄이고 타당도와 신뢰도를 높이기 때문에 많이 활용된다고 할 수 있음
③ 사회복지전문가들은 사회복지정책 환경이나 클라이언트의 욕구 및 문제를 정확하게 기술하고 문제의 변화과정 그리고 전문적 개입의 효과성과 효율성을 상세하게 파악하기 위해 과학적인 척도를 사용함

2) 척도의 작성과정

이론적 개념 → 경험적 변수 → 경험적 지표 → 척도 → 타당도 · 신뢰도 검사

① 문제에 관한 속성을 인지하고, 이것을 표현하는 이론적 개념을 형성함
② 이론적 개념의 내용을 특정화하여 경험적 관찰이 가능한 변수로 전환함
③ 변수(개념)의 속성을 파악하기 위해 경험적 지표를 선정함
④ 선정된 지표를 활용하여 지수와 척도를 작성함

3) 전문적 척도를 사용하기 위한 지침

① 척도는 과학적, 체계적이고 논리적이어야 함

② 척도는 실용적이어야 함. 사용하기 쉽고 편리하게 응답자가 쉽게 완성할 수 있어야 함

③ 척도는 변화를 시도하는 욕구나 문제 자체를 측정할 뿐만 아니라 변화의 기능성과 그 결과에 대한 정보를 제공해야 함

④ 척도는 신뢰성과 타당도가 있어야 함

2. 척도화

1) 척도화의 개념 및 원칙 ★★

(1) 척도화(尺度化, scaling)의 개념

숫자나 기호를 우리가 측정하고자 하는 특정 개념의 다양한 수준에 맞춰 의미를 부여 (allocation)하는 과정

(2) 척도화 구성의 원칙

① 대부분의 척도를 구성할 때 적용되는 원칙은 단일 차원성(unidimensional-ity)의 원칙임

② 단일 차원성의 원칙은 척도를 구성하는 모든 문항들은 하나의 동일한 차원의 연속성에 따라 배치되어 있어야 한다는 것을 의미함

③ 척도화 방법(scaling methods)은 세 가지 측정수준에 따라 분류하면 명목척도화, 서열척도화, 등간-비율척도화로 구분됨

(3) 명목척도화

① 명목적 수준이란 각 범주에 부여된 숫자가 단지 서로 다름만을 의미하는 수준임

② 명목적 수준에서 척도화는 각 범주가 동질적이면서 상호배타적이고 포괄적이도록 문항의 응답지를 구성하면 됨. 이때 응답범주들은 논리적 연관성을 가지고 있어야 함

　－ 가능한 한 단일 차원적으로 명목척도를 형성하는 것이 바람직함

2) 서열척도화

서열척도화(ordinal scale)는 측정된 값들 사이에 상대적 순서관계를 밝힐 수 있도록 숫자나 기호를 부여하는 과정임. 서열척도에는 평정척도, 총화평정척도, 리커트척도, 거트먼척도 등이 있음

(1) 평정척도 ★★

① 평정척도(rating scale) 또는 평급척도는 평가자가 측정대상의 연속성을 전제로 하여, 일정한 등급법(rating-method)에 따라 평가함으로써 대상의 속성을 구별하는 척도임
  - 설정한 각 단계에 임의 수치를 부여하여 여기서 얻어진 수치의 합계 또는 평균을 측정대상이 가지는 척도점수로 가정함
② 평정척도에서는 평가자(judges), 대상(subject) 그리고 연속성(continuum)의 세 가지 요소가 있음
  - 평정척도는 대부분 서열척도이지만, 항목 간 거의 비슷한 정도의 차이가 있다고 가정하면 등간척도로 간주 할 수 있음

귀하가 거주하는 지역의 사회복지관에서 근무하는 사회복지사들은 얼마나 친절하다고 생각하십니까? (해당하는 곳에 'O'표 해주세요.)
- 매우 친절하다(   )
- 친절하다(   )
- 보통이다(   )
- 불친절하다(   )
- 매우 불친절하다(   )

(2) 총화평정척도 ★★

① 총화평정(summated rating)척도는 응답자가 응답하는 여러 질문문항의 값들을 총합(總合, summation)하여 계산하는 척도임. 척도의 구성이 간단하고 점수 계산이 용이함

② 대부분의 경우 척도를 구성하는 문항은 '동의함' 과 '동의하지 않음' 으로 측정되는 것이 일반적임. 총화평정척도는 구성이 간단하고 점수의 계산이 용이하지만 구성하는 문항들 사이에 존재할 수 있는 강도의 차이를 전혀 반영하지 않고 있음

③ 총화평정척도의 예) 베일리(Bailey)의 출산에 대한 태도 척도
  – 베일리는 10개 항목의 출산율 척도를 구성하고, 동의하는 경우는 1로서 부호화하고, 동의하지 않는 경우는 0으로 부호화하여, 척도상 10점은 응답자가 아기를 가져야 할 강한 책임감을 느끼는 경우이고, 반면 0점을 받은 응답자는 아이를 가질 책임감을 느끼지 않는 경우인 것으로 구성했음

(3) 리커트척도(Likert scale) ★★

① 리커트척도 개념: 응답자에게 여러 진술들을 제시한 후에 응답자가 각 진술에 대해 동의하는 정도를 나타내도록 되어 있는 측정도구임

② 리커트척도의 특징 ★★★
  – 서열척도에 해당되며, 척도의 구성과 활용이 비교적 용이함
  – 하나의 개념을 측정하기 위해 여러 문항들을 이용하는 척도로서, 각 문항들은 동일한 응답범주를 사용하며 모두 동등한 가치를 부여받음
  – 응답범주가 동일한 5점척도로 된 5문항으로 구성된 리커트척도가 있을 때 각 문항의 점수를 단순 합계한 총점에 따라서 서열이 매겨짐. 이런 점으로 인해 문항들 사이에 존재하는 강도의 차이를 충분히 표현하지 못한다는 지적도 있음

③ 리커트 척도의 변형된 형식
  – 응답범주의 단어를 바꾸어 표시할 수 있음
    예) '동의한다' 대신에 '찬성한다' 와 같은 단어를 사용
  – 어느 경우에는 응답범주를 추가할 수 있음
    예) '매우 동의한다', '동의한다' 대신에, '매우매우 동의한다', '매우 동의한다', '약간 동의한다' 와 같은 식으로 해서 응답범주의 수를 늘임

④ 리커트척도의 단점 ★★
  – 문항들 사이에 존재하는 강도의 차이를 충분히 표현하지 못한다는 지적도 있음
  – 재현성이 부족함. 재현성이란 같은 총계점수를 갖는 두 응답자가 각 문항에 대하

여 같은 응답을 하였는가 하는 것임

⑤ 리커트척도의 장점 ★★

- 리커트척도는 사용하기 쉽고, 직관적인 이해가 가능함
- 문항분석, 신뢰도분석, 요인분석 등을 통해서 성공 여부를 평가할 수 있기 때문에 사회조사에서 널리 사용되고 있음

(4) 거트먼척도

① 거트먼척도의 특징

- 척도를 구성하는 문항들이 내용의 강도에 따라 일관성 있게 서열을 이루어 있어서 단일 차원적이고 누적적인 척도를 구성하고 있음

② 이 척도의 기본 전제는 '보다 강한 정도를 측정하는 문항에 긍정적인 응답자는 그보다 약한 정도를 측정하는 문항에 당연히 긍정적일 것이다' 라는 가정임

- 따라서 응답자가 가장 강도가 높은 문항에 긍정적인 응답을 보였다면, 그보다 약한 강도의 문항에 긍정적인 응답을 보일 것이라고 예측할 수 있음

③ 거트먼척도 구성 절차

- 척도를 구성하는 문항을 선정
- 척도를 구성하는 문항을 강도에 따라 누적적인 순서로 배열
- 응답자가 응답한 것을 척도 도식 용지에 적음
- 응답 형태가 누적적이지 않은 오류를 찾음
- 재생계수(coefficient of reproducibility)를 구함
- 척도를 구성하는 문항을 다시 조정하여 새로운 척도를 구성

④ 리커트척도와 거트먼척도의 차이

- 리커트척도의 각 문항들이 동등한 가치를 부여받으며, 총점에 따라 서열이 매겨진다면, 거트먼척도는 각 문항들 간에 서열이 매겨진다는 점에서 차이가 있음

(5) 보가더스의 사회적 거리 척도

① 보가더스(Bogardus)의 사회적 거리 척도(Bogardus social distance)는 사람들이 다른 종류의 사람들과 사회적 관계를 맺으려는 정도를 파악하기 위한 측정도구임.

보가더스의 사회적 거리 척도에서는 다양한 정도의 사회적 교류를 제시하고 있음

② 보가더스는 인종적 편견의 강도를 측정하기 위해 제시한 척도로서, 개인 혹은 집단이 다른 인간이나 집단에 대하여 가지는 친밀감의 정도를 '사회적 거리' 라는 개념으로 정의하고, 이를 측정하기 위한 몇 개의 하위문항으로 구성함. 거트먼척도와 같이 누적적인 문항으로 구성되는 척도임

③ 보가더스의 사회적 거리 척도를 사용하면, 자료가 원래 가지는 자세한 내용을 그대로 간직한 채, 여러 응답을 요약할 수 있기 때문에 매우 효율적인 측정도구임

④ 보가더스 사회적거리 척도의 예) 우리나라 사람이 동남아시아 사람과 사회적으로 교류하려고 하는 정도에 관심을 가진 연구자는 다음과 같은 척도를 사용할 수 있음

〈 보가더스의 사회적 거리 척도의 예 〉

NO	범주(관계를 맺을 용의도)	그렇지않다	그렇다
1	동남아시아 사람이 우리나라에 사는 것을 허용한다.		
2	동남아시아 사람이 우리 지역사회에서 사는 것을 허용한다.		
3	동남아시아 사람이 우리 옆 동네에 사는 것을 허용한다.		
4	동남아시아 사람이 우리 옆집에 사는 것을 허용한다.		
5	동남아시아 사람이 내 자녀와 결혼하는는 것을 허용한다.		

(6) 의미분화척도의 구성

① 의미분화(semantic Differential: SD)척도는 오스굿(Osgood), 수시(Suci) 그리고 탄넨바움(Tannenbaum)이 개발한 것으로, 어떤 개념에 대한 생각이나 느낌을 다양한 차원에서 평가하기 위해 그에 대한 형용사를 정하고, 양 극단에 서로 상반되는 형용사를 배치하여 그 속성에 대한 평가를 내리도록 하는 척도임

② 의미분화척도의 장점: 가치와 태도와 같은 주관적인 개념 측정에 용이하며, 쉽게 만들 수 있고, 비교적 적은 수의 문항으로 신뢰도를 확보할 수 있고, 응답자가 간단하게 응답할 수 있음

③ 의미분화척도에서 주로 사용되는 측정 차원으로는 평가 차원, 권력 차원, 그리고 활동 차원이 있음

- 평가 차원을 정의하는 척도, '유쾌한 – 불쾌한', '좋은 – 나쁜', '달콤한 – 신', '도움이 되는-도움이 안 되는'
- 권력 차원을 정의하는 척도, '큰 – 작은', '강력한 – 무력한', '강한 – 약한', '깊은 – 얕은'
- 활동 차원을 정의하는 척도, '빠른 – 느린', '살아있는 – 죽은', '시끄러운 – 조용한', '젊은 – 늙은'

3) 등간-비율척도화 ★★★

(1) 등간-비율척도화(interval-ratio scaling)의 개념

① 개별 값들 간에 일정한 거리(등간 측정)와 절대 영의 기준점을 가지고 비율측정을 할 수 있는 것으로 서스톤척도(Thurstone scaling)와 요인분석(factor analysis) 등이 사용됨

② 등간척도를 구성하기 위해 고안된 하나의 기법이 서스톤의 등현간(等現間)방법 (Thurstone`s method of equalappearing intervals)임
- 서스톤척도화는 어떤 사실에 대하여 가장 긍정적인 태도와 가장 부정적인 태도를 나타내는 양 극단을 등간적으로 구분하여, 여기에 수치를 부여함으로써 등간척도를 구성하는 방법임
- 거트먼척도가 문항들에 서열성을 두어 척도 구성을 했다면, 서스톤척도는 서열문항들 간에 등간성까지 갖춘 척도임. 좀 더 구체적으로 문항평가자들을 통해 사전평가를 시행하고 그 결과를 분석하여 각 문항에 대한 중앙값을 척도치로 부여함

③ 서스톤척도화에서 평가자들(judges)이 여러 문항에 대해 가중치를 부여하는 절차
- 일단의 평가자에게 해당 변수의 지표라고 생각되는 문항을 1백 개 정도 제시
- 각 평가자에게 각 문항이 해당 변수를 얼마나 잘 나타내는지를 평가하게 함
- 평가자가 이런 작업을 마친 후에, 조사자는 모든 평가자가 각 문항에 부여 한 점수들을 조사해서, 평가자들 사이에 의견이 가장 일치된 문항을 골라냄. 이 경우, 평가자들 사이에 의견이 크게 차이가 나는 문항들은 모호하기 때문에, 이런 문항들은 척도에서 사용하지 않음

④ 서스톤척도는 유사등간척도로서 등간-비율수준의 분석이 가능하다는 장점이 있

지만, 오늘날 서스톤척도는 자주 사용되지 않음
- 사회과학의 척도들이 엄격한 의미에서 등간-비율척도인가에 대한 논란이 있기 때문임
- 평가자에 의존하기 때문에 여러 평가자의 편견이 개입될 여지가 있으며, 척도 개발에 따른 상당한 시간과 에너지가 필요하기 때문임

3. 표준화된 척도

1) 표준화된 척도 이용
① 제시된 척도 구성을 적용하여, 조사자는 척도를 직접 개발할 수 있으나, 사회복지 영역의 조사자는 여러 가지의 표준화된 척도를 이용할 수 있음
② 조사자가 자기 나름의 측정도구를 고안하기 위해서는 시간이 필요하고 비용이 소요됨. 그러므로 조사자가 표준화된 척도를 사용하면, 조사자는 시간과 금전을 절약할 수 있게 됨

2) 표준화된 척도를 선택하고자 하는 경우에, 조사자가 고려하여야 할 기준
① 척도의 내용이 얼마나 되는지를 살펴볼 필요가 있으며, 조사대상자가 척도를 완성하는 데 시간이 너무 많이 걸리는 것은 아닌지를 살펴볼 필요가 있음
② 척도가 조사대상자가 완성하기에 너무 어렵지 않은지를 따져 볼 필요가 있음
③ 시간에 따른 변화를 측정하고자 할 경우에는, 비교적 짧은 기간 동안의 작은 변화에 민감한 척도를 선택할 필요가 있음

3) 척도의 신뢰도와 타당도
① 표준화된 척도를 모아놓은 척도집에서는 척도의 신뢰도와 타당도를 제시하는 경우가 많지만, 조사자는 이런 신뢰도와 타당도를 조심스럽게 해석하여야 함
② 척도에 대해서는 특정 집단을 대상으로 조사한 자료에서 얻은 신뢰도와 타당도에 관한 정보가 제시되어 있어야 함

01) 리커트 척도에 관한 설명으로 옳은 것은?　　　　　　　　(11회 기출)

① 비율척도이다.

② 개별 문항의 중요도는 동등하지 않다.

③ 단일문항으로 측정하는 장점이 있다.

④ 질적 조사에서 보편적으로 사용된다.

⑤ 척도나 지수 개발에 용이하다.

☞ 해설

① 비율척도가 아니라 서열척도임.

② 개별 문항이 동등하게 중요함.

③ 리커트 척도는 한 변수를 측정하기 위해 다수의 문항으로 구성됨.

④ 양적 조사에서 보편적으로 사용됨.　　　　　　　　　　　정답 ⑤

02) 척도에 관한 설명으로 옳지 않은 것은?　　　　　　　　(12회 기출)

① 보가더스의 사회적 거리척도는 누적척도의 한 종류이다.

② 의미분화 척도는 한 쌍의 반대가 되는 형용사를 사용한다.

③ 리커트 척도의 각 문항은 등간척도이다.

④ 커트만 척도는 각 문항을 서열적으로 구성한다.

⑤ 서스톤 척도를 개발하는 과정은 리커트 척도와 비교하여 많은 시간과 노력이 요구된다.

☞ 해설

③ 리커트 척도는 서열척도에 해당함.

④ 리커트 척도에서는 단순히 합산한 결과를 서열화하지만, 거트만 척도에서는 개별 항목들 자체에 서열성이 이미 부여되는 방식을 택함.

⑤ 서스톤의 척도가 가진 가장 큰 단점은 너무 많은 시간과 노력을 필요로 한다는 것임.

　　　　　　　　　　　　　　　　　　　　　　　　　　정답 ③

제8장
|
설문지 작성

1. 설문지의 작성의 필요성

연구목적과 목표에 따라 설문을 실행하고자 결정을 한 경우 설문지를 작성해야 하며 설문지는 수록되는 질문의 내용과 형태를 결정하고 이에 따라 개별 항목을 완성한 후 이를 전체 설문지에 배열하는 방식으로 작성함

2. 설문지 작성과정 ★★

설문지를 만드는 작업은 일정의 절차를 필요로 함. 보통, 필요한 정보 결정, 자료수집 방법 결정, 설문문항 내용 결정, 설문형식 결정, 설문문항 결정, 문항의 순서 결정, 설문지 사전조사, 설문지 확정 및 인쇄의 단계를 거침

1) 필요한 정보 결정

(1) 정보 종류 결정

우선적으로 설문을 통하여 얻어야 할 정보의 종류를 결정함

① 설문조사를 통해 측정하려는 개념의 확정과 이해가 우선 되어야 함

② 필요한 정보를 결정할 뿐만 아니라 그 정보를 얼마나 자세한 정도까지 측정해야

조사목적을 달성할 수 있는지도 고려되어야 함

(2) 필요한 정보결정 사례

장애인의 개인적 특성과 복지시설 서비스 이용에 관한 연구

① 조사응답자의 일반적 사항에 관한 조사항목

  – 인구학적 특성

  – 경제상태

  – 건강상태로 나누어 볼 수 있음

② 시설 및 서비스 이용에 관한 조사항목

  – 시설여건

  – 시설프로그램

  – 비용으로 나누어 볼 수 있음

- 인구학적 특성: 성별, 연령, 학력, 장애유형, 장애등급, 결혼상태, 자녀수 등
- 경제상태: 주택소유형태, 월평균소득 등
- 건강상태: 주관적 건강상태, ADL 수행능력, IADL 수행능력
- 시설여건: 시설의 규모, 시설의 위치, 시설의 부대시설
- 시설프로그램: 여가프로그램, 재활프로그램, 자립생활프로그램
- 비용: 비용지불방식, 월 이용료

2) 자료수집방법 결정

① 대인면접조사, 전화조사, 우편조사, 인터넷조사 등과 같은 어떠한 자료수집방법을 이용할 것인지에 따라서 설문지의 형태, 양과 표현방식 등이 큰 영향을 받음

② 설문지를 작성하기에 앞서 이용할 구체적인 자료수집방법을 미리 결정하고 이에 적합한 설문지를 작성해야 함

3) 설문문항 내용 결정

① 필요한 개념 혹은 변수를 측정하기 위해서 어떠한 내용의 문항이 포함되어야 할

것인지를 결정하는 것. 조사연구목적을 달성하기 위해 필요한 조사연구대상의 개념에 관한 모든 정보를 수집하되, 응답과 관련된 각종 오류를 최소화하는 노력이 요구됨

② 설문문항 작성 시 고려할 점
- 꼭 필요한 문항인가
- 한 문장으로 충분한가
- 응답자가 필요한 정보를 알고 있는가
- 응답을 하는 데 시간적 · 정신적 노력이 많이 들지 않는가
- 응답자가 기꺼이 정보를 제공할 것인가

4) 설문형식 결정

(1) 설문형식 결정 방법
① 설문내용이 결정되면 이를 어떻게 질문할 것인가 하는 설문형식을 결정해야 함
② 설문의 형식은 수집되는 자료의 측정수준과 깊은 관련이 있으며, 사용 가능한 통계분석기법에 큰 영향을 미칠 수 있어 신중하게 결정해야 함
③ 설문지는 질문이나 진술로 드러나며, 개방형 질문을 사용할 것인지, 폐쇄형 질문을 사용할 것인지, 더 나아가서는 어떠한 추가적인 질문이 더 필요한 것인지를 예측하여 필요한 질문을 부가하여 포함시키도록 해야 함

(2) 개방형 질문
① 개방형 질문의 개념
- 개방형 질문은 응답범주가 상세히 구체화되지 않은 채 질문만 던지는 형태로 질문에 대해 자유롭게 응답할 수 있어 '자유응답' 질문이라고도 함
- 개방형 질문은 조사자가 미리 정해진 응답범주를 제공하는 것이 아니기 때문에 응답자의 생각, 느낌, 의견 등을 자유롭게 기록할 수 있는 형태임
- 개방형 질문은 응답할 수 있는 응답범주를 모두 파악하기 힘든 경우나, 응답범주가 너무 많아 열거하기 힘든 경우에 적절함
② 개방형 질문의 장점: 조사자의 의도나 질문형식에 구애받지 않고 응답자가 자유롭

게 답할 수 있어 다양한 정보를 얻을 수 있음

③ 개방형 질문의 단점
- 응답에 시간이나 노력이 많이 소요되기 때문에 응답률이 낮은 편임
- 자료의 분석 및 해석에 많은 시간이 소요됨
- 통계적으로 처리하기가 어려움
- 응답의 해석에 연구자의 편견이 개입될 수 있음

(2) 폐쇄형 질문

① 폐쇄형 질문의 개념
- 응답자에게 미리 정해진 응답범주를 제시하여 특정한 응답범주를 선택하도록 하는 형태. 가능한 응답범주가 제한적일 경우에 적절함

② 폐쇄형 질문의 특징
- 폐쇄형 질문의 응답범주는 포괄적(가능한 응답을 모두 포함)이어야 하며, 상호배타성(응답범주 간의 중복이 돼서는 안 됨)을 지니고 있어야 함
- 폐쇄형 질문의 장점: 응답자가 질문에 응답하기 용이함, 응답결과를 입력하고 분석하기가 상대적으로 용이함
- 폐쇄형 질문의 단점: 주어진 응답범주가 응답자의 생각과 달라서 응답하기 곤란한 경우가 있음. 응답자가 가진 원래의 생각이나 태도를 제대로 반영하지 못할 수 있음. 중요한 정보를 누락할 수 있음

③ 폐쇄형 질문의 종류: 폐쇄형 질문은 응답형태에 다라 찬반식 질문, 평정식 질문, 다항선택식 질문, 여과형 질문과 수반형 질문, 서열식 질문 등이 있음
- 찬반식 질문: 찬반식 질문(agree-disagree)은 '찬성/반대', '그렇다/아니다' 와 같이 이분법적으로 응답을 구분하고자 할 경우에 주로 사용하는 방법임
- 평정식 질문: 평정식 질문(rating question)은 응답자의 의견의 강도를 묻기 위한 방법으로 리커트척도를 이용할 경우에 많이 사용됨. 이 질문의 형식은 응답범주에 따라 3단계, 4단계, 5단계 등의 평정식 범주가 있음
- 다항선택식 질문: 다항선택식 질문(multiple choice question)은 여러 개의 카테고리(category)를 나열해 놓고 그중에서 두 개 이상을 선택하도록 하는 방법임

- 여과형 질문과 수반형 질문: 여과형 질문(filter question)은 응답자가 다음 질문에서 어떤 문항에 응답해야 하는가를 결정하기 위한 첫 번째 질문이며, 수반형 질문(contingency question)은 첫 번째 응답결과에 따라 응답해야 할 내용이 다른 질문임
- 서열식 질문: 서열식 질문(ranking question)은 어떤 질문에 대하여 가능한 대답을 여러 개 열거해 놓고 중요한 순서, 좋아하는 순서, 또는 싫어하는 순서 등으로 순서를 결정하게 하는 것

5) 설문문항 작성

(1) 설문문항 작성 시 유의사항 ★★★★

① 질문의 내용을 응답자가 정확하게 파악할 수 있도록 작성함. 애매성과 모호성을 예방하기 위한 가장 좋은 방법은 사전조사를 통해 점검하는 것임

② 가급적 짧게 질문함. 즉, 이해할 수 있도록 짧고 쉬운 문장으로 질문함

③ 언어구성을 적절한 수준에서 유지함. 용어의 난이도, 언어의 형식, 속어, 구어 등 응답자의 능력과 특성을 고려하여 적절하게 구성하여 작성함

④ 추상적으로 질문하기보다는 구체적으로 질문함. 질문이 확고하고 구체적이면 대답도 명확함. 개념과 응답범주가 명확하도록 질문을 구체적이고 경험적인 용어로 서술함

⑤ 유도질문(혹은 편향적 질문)을 피함: 정확한 조사를 위해서는 객관적 입장을 견지하고 중립적 의미를 지닌 단어와 문장을 사용하는 것이 중요함

　예) '파업을 하면 경제가 어려워진다고 합니다. 귀하께서는 파업을 찬성하십니까?'

⑥ 직접질문과 간접질문을 적절히 사용함

⑦ 부정적 문항은 피하고 이중질문을 하지 않음

　예) '귀하께서는 현재 근무하는 회사의 임금수준과 작업조건에 대해 만족하고 계십니까?' 임금수준과 작업조건에 대해 다르게 인식할 수도 있기 때문에 응답범주를 '임금수준', '작업조건'을 분리해서 두 개의 질문으로 구성하는 것이 바람직함

⑧ 질문 내에 어떤 가정이나 암시가 있어서는 안 됨

⑨ 편견을 내포하는 용어나 서술을 피해야 하며, 가치중립적인 표현을 사용함

⑩ 응답범주에 애매하거나 막연한 내용이 포함되지 않도록 함

6) 문항의 순서 결정

① 우선 질문의 전체적인 개념틀에 따라서 유사한 문항끼리 묶어 응답자에게 혼란을 주지 않아야 함

② 가능한 한 응답자들로부터 쉽게 협조를 얻고 정확한 자료를 얻도록 해야 함

③ 질문문항의 배열 ★★

- 흥미롭고 답하기 쉬운 질문 먼저
- 민감한 질문이나 개방형 질문은 뒷부분에 배치
- 질문을 논리적으로 배열
- 응답군(response set, 고정반응)이 조성되지 않도록 문항을 적절히 배치
- 신뢰도를 검사하는 질문은 서로 떨어지게 배치
- 일반적인 것을 먼저 질문하고 특수한 것을 뒤에 질문
- 질문지에는 표지, 응답지침 등을 포함
- 여과형 질문과 수반형 질문들은 그에 적합한 순서대로 정리

7) 설문지 사전조사 ★★★

① 설문조사의 오류를 방지하기 위해 사전조사가 필요함

- 조사자가 설문지와 같은 자료수집도구를 아무리 주의 깊게 설계하더라도 오류의 가능성은 항상 존재함.
- 조사자는 사람들이 응답할 수 없는 애매한 질문 등의 실수를 때때로 하게 됨. 이러한 오류를 가장 확실히 방지하는 방법은 본조사를 시행하기에 앞서 작성된 설문지를 가지고 사전에 조사하는 것임.

② 사전조사의 표본수: 많을 필요는 없고 대략 20부에서 50부 정도가 적당함. 다양한 인구학적 특성을 지닌 응답자를 대상으로 사전조사를 하는 것이 바람직함

8) 설문지 확정 및 인쇄

사전조사를 통해서 설문지의 문제점을 수정·보완하여 본 설문지를 최종적으로 확정한 후 인쇄함. 이때 인쇄된 설문지가 응답자에게 호감을 주고 설문의 중요성이 부각될 수 있도록 설문지의 표지, 요지, 활자, 크기, 공간 등 여러 차원에서 신중하게 고려할 필요가 있음

3. 설문조사의 구성요소

- 설문지를 작성할 때는 가능한 한 표준화된 방식으로 작성하는 것이 좋음. 설문지는 조사하고자 하는 현상을 파악하기 위한 일환으로서 구체적인 문항으로 나타내야 하며, 응답자로 하여금 모든 문항에 응답하도록 흥미와 동기를 부여하고 응답자의 오류를 최소화해야 함
- 응답상의 오류를 방지하고 필요한 정보를 포괄적으로 획득하기 위해서 다음과 같은 다섯 가지 요소로 구성하는 것이 일반적임

1) 응답자에 대한 협조사항

설문지의 제일 앞에는 응답자에 대한 협조요청을 제시하는 것이 일반적임. 구체적으로 연구자와 조사연구기관의 소개, 조사의 목적에 대한 설명과 응답내용에 대한 비밀보장 등을 포함함으로써 조사의 응답률을 높여야 함. 조사자가 직접 면담을 실시할 경우에는 이 내용을 직접 구두로 전달하기도 함

2) 응답자 식별용 자료

응답자 식별자료(identification data)란 설문조사 후 필요시 확인 또는 추가조사를 할 수 있도록 설문지 일련번호, 응답자 번호, 면접자의 이름과면접일시 등을 기록하는 설문지의 부분으로 대개 설문지의 뒷부분이나 첫 장에 표시함

3) 응답요령

면접원이 직접 도와줄 수 없는 조사법을 이용하는 설문조사의 경우에는 응답자 스스로 설문지를 완성시킬 수 있도록 설문응답에 필요한 요령이 필요함

① 응답자가 설문지의 모든 문항에 대한 응답을 어려움 없이 작성하도록 각 문항별 응답방법이나 순서 등을 제시하고 응답완료 후 설문지를 어떻게 조사자에게 전달하는지에 관련된 상세한 요령도 제시될 필요가 있음

② 면접원이 응답자와 직접 대면하여 조사하는 경우에는 면접원들의 면접 시 태도나 행동을 통일하여 면접원에 따른 응답의 변화를 최소화시키기 위하여 지시사항과 같은 설문요령도 설문지에 포함함

4) 설문문항

설문문항은 조사연구대상의 특성을 파악하기 위한 구체적인 질문들로서 설문지를 구성하는 가장 중요한 부분임

- 구체적인 질문문항은 조사의 목적에 따라 차이가 있지만 일반적으로 조사대상자의 개인적 신상에 대한 질문, 그리고 설문조사의 본래의 목적과 관련된 조사대상자의 사실, 행동, 의견이나 태도 등에 관한 질문들임

5) 응답자 분류

설문지에는 응답자의 특성을 파악하기 위한 자료들로 주로 인구통계학적 변수(예: 나이, 성별 등)나 사회경제적 위치(예: 교육수준, 직업, 소득 등)에 관한 질문이 포함됨

01) 설문지 문항의 작성방법에 관한 설명으로 옳지 않은 것은? (13회 기출)

① 이중(double-barreled)질문과 유도질문은 피하는 것이 좋다.

② 신뢰도 측정을 위해 짝으로 된 문항들은 함께 배치하는 것이 좋다.

③ 응답하기 쉬운 문항일수록 설문지의 앞에 배치하는 것이 좋다.

④ 일반적인 것을 먼저 묻고 특수한 것을 뒤에 묻는 것이 좋다.

⑤ 객관식 문항의 응답 항목은 상호배타적이어야 한다.

☞ 해설

신뢰도를 측정하기 위해서는 짝으로 된 문항들은 분리하여 배치함. 또한 보편적이고 상용적인 용어를 사용하여 그 질문의 내용을 응답자가 정확하게 파악할 수 있도록 하며, 찬반의 응답 선택의 수가 균형이 잡히도록 해야 함.

정답 ②

02) 설문지 작성과정 중 사전검사를 실시하는 이유로 옳지 않은 것은? (10회 기출)

① 연구하려는 문제의 핵심적인 요소가 무엇인지 확인

② 응답내용 간에 모순 또는 합치되지 않는지 확인

③ 응답이 한쪽으로 치우치지 않는지 확인

④ 질문순서가 바뀌었을 때 응답에 실질적 변화가 일어나는지 확인

⑤ 무응답, 기타 응답이 많은 경우를 확인

☞ 해설

연구하려는 문제의 핵심적인 요소를 확인하려는 것은 탐색적 조사(예비조사)임. 사전조사는 본 조사에 들어가기 전에 초안 질문지를 본 조사에서 실시하는 것과 똑같은 절차와 방법으로 해봄으로써 질문의 내용, 질문형태, 문항작성, 질문순서 등에 있을 수 있는 여러 가지 오류를 찾아낼 수 있음.

정답 ①

제9장
|
측정의 신뢰도

1. 신뢰도의 개념과 측정방법

1) 신뢰도의 개념 ★★★

① 신뢰도(reliability)는 측정도구의 정확성, 즉 같은 대상에 반복적으로 적용된 특정
기법이 매번 같은 결과를 가져오는지의 여부를 뜻하며 일관성(consistency)과 관
련되어 있음
- 신뢰도란 측정대상이 되는 내용을 반복 측정하였을 때 동일한 결과를 얻게 되는
정도를 의미함. 따라서 신뢰도가 있는 측정도구를 사용할 경우에는, 측정한 결과
가 일관성이 있게 나타남
- 신뢰도는 안정성, 일관성, 예측 가능성, 정확성, 의존 가능성 등으로 표현 할 수
있음
② 신뢰도가 높은 측정이었다고 해서 반드시 변수 간에 의미 있는 결과가 발견되는
것은 아님. 이러한 신뢰도를 정의하는 방법은 측정의 어떤 측면을 강조하느냐에
따라 세 가지 접근방법으로 나누어 볼 수 있음
- 동일한 대상에게 동일하거나 비교 가능한 측정도구를 사용하는 방법

- 동일한 대상에 대해서 같거나 비교 가능한 측정도구를 사용하여 반복 측정할 경우 동일하거나 비슷한 결과를 얻을 수 있는 정도로 정의하는 방법
- 안정성, 예측가능성, 의존 가능성의 의미를 함축하며, 기초적인 것으로서 가장 많이 사용하는 방법임
- 측정도구가 측정하려고 하는 속성에 어느 정도 근접했느냐 하는 방법
- 측정에 있어 측정오차가 얼마나 존재하는가를 파악함으로써 신뢰도를 정의하는 방법
  - 측정에 있어서 측정오차가 많으면 많을수록 그만큼 측정도구의 신뢰도는 떨어짐
  - 신뢰도 계수는 0과 1 사이의 값을 가짐. 1에 가까울수록 신뢰도는 높고, 0에 가까울수록 신뢰도는 낮음
  - 사회과학에서 척도의 신뢰도를 평가하기 위한 목적으로 널리 사용되는 대표적인 도구인 Cronbach`s α 계수가 0.6~0.8 이상일 경우 일반적으로 신뢰도가 있다고 간주함

2) 신뢰도의 측정방법 ★★★

어떤 척도가 신뢰도가 있는지 없는지를 판단하는 데 널리 사용되는 신뢰도 측정방법으로는 여러 가지 형태가 있음
신뢰도의 주요한 형태로 상호관찰자(평가자) 기법(inter-observer reliability/interrater), 검사-재검사법(test-retest method), 반복법(split-halves method), 유사양식법(parallel-firms method), 내적 일관성 분석법(internal consis-tency reliability method)의 다섯 가지 방법이 있음

(1) 상호관찰자 기법
① 상호관찰자 기법은 측정의 도구가 관찰인 경우에 신뢰도를 측정하기 위해 많이 사용되는 방법
- 두 명 이상의 관찰자들이 간찰의 내용을 서로 숙지한 다음에 관찰을 하여, 개별

관찰자들 간에 얼마나 일관성이 나타나는지 혹은 얼마나 상관관계가 있는지를 확인하는 방법
- 상호관찰자 신뢰도는 관찰자들이나 평가자들 사이에 구한 점수가 서로 일관성이 있는 정도를 말함

② 상호관찰자 신뢰도는 다음과 같은 과정을 거쳐서 측정함
- 두 사람 이상의 관찰자가 동일한 측정절차에 따라 관찰
- 관찰자 각각이 관찰해 얻은 점수들 사이의 상관관계를 계산. 이 경우, 점수들 사이의 상관관계가 높을수록 신뢰도가 높다고 봄

※ 상호관찰자 신뢰도 예) 조기교육프로그램이 아동의 자아존중감을 향상시키는지 여부를 연구할 경우
① 조사자는 조기교육프로그램을 실시하면서, 그 진행 과정을 녹화함
② 상호관찰자가 신뢰도를 측정하기 위해, 조사자는 두 명의 관찰자를 훈련시킴
③ 조사자는 이들에게 녹화 자료를 보여 주면서 자아존중감의 수준을 각각 독자적으로 평가하게 함
④ 관찰자들이 평가한 것이 대체적으로 일치할 경우에, 이 측정도구는 신뢰도가 있다고 볼 수 있음

(2) 검사 – 재검사법 ★★

① 검사 – 재검사법은 동일한 대상에 대하여 하나의 척도를 일정한 시간 간격을 두고 반복해서 측정한 다음 그 측정값을 서로 비교하는 방법
- 동일한 측정도구를 동일대사의 속성에 대해 다른 시기에 반복해 측정하는 것으로 시간적 간격을 두고 반복 검사하여 척도의 신뢰도를 평가하는 방법임

② 측정도구가 시간에 걸쳐서 안정성을 유지하는지를 살펴보는 신뢰도가 검사–재검사법임. 따라서 검사–재검사 신뢰도에는 동일한 측정도구를 동일한 사람들에게 별도로 두 차례 실시하는 방식을 통해서 신뢰도를 구함
- 첫 번째 측정결과 측정값의 합계와 동일한 측정도구로 시간적 차이를 두고 두 번째의 측정값을 비교하여 상관관계가 0.7 이상이라면 그 척도는 신뢰도가 높다고

할 수 있음. 단, 재측정은 2회 이상이어야 함

③ 검사-재검사 신뢰도의 장점: 검사-재검사법은 구해진 신뢰도의 의미를 직관적으로 이해하기 쉽고, 비교적 절차가 매우 단순함. 또한 신뢰도는 빠르고 간단하게 구할 수 있음

④ 검사-재검사 신뢰도의 단점: 주관적 개념을 측정할 경우에는 동일한 검사를 반복함으로써 나타나는 테스트(test)효과, 성장이나 역사적 요인과 같은 외생변수의 영향 등으로 대상의 속성이 실제로 변할 수 있어서 이것이 두 측정값의 차이로 나타낼 수 있기 때문에 이러한 변화를 측정할 수 없음

⑤ 검사-재검사법에서 나타날 수 있는 문제점
  - 처음 검사할 때의 점수와 재검사할 때의 점수 사이에 상관관계가 낮을 경우에, 이것이 측정도구가 신뢰성이 낮기 때문에 그런 것인지, 아니면 처음 검사할 때와 재검사할 때 사이에 대상자의 특성이 변화하였기 때문에 그런 것인지를 확실하게 판단할 수 없음
  - 처음에 검사한 시기와 재검사한 시기 사이에 기간이 너무 짧을 경우에는, 대상자가 처음의 검사에서 자신이 응답한 것을 기억하고 있어서 재검사에도 이에 맞추어 일관성 있게 응답하려고 할 수 있음
  - 검사할 당시의 조건과 재검사할 당시의 조건이 다른 경우가 있음. 예를 들어, 검사한 날의 시간대와 재검사한 날의 시간대가 다른 경우가 다르면 처음 검사와 재검사 사이의 상관관계가 낮게 나올 수 있음

⑥ 검사-재검사 신뢰도를 측정할 경우에, 조사자의 유의사항
  - 검사와 재검사 사이의 시간 간격은 충분히 길어야 함: 처음에 검사한 시기와 재검사한 시기 사이의 기간은, 대상자가 자신이 처음에 응답한 내용을 정확하게 기억하지 못할 정도로 충분히 길어야 함. 그러나 검사와 재검사 사이의 기간은 측정하고 있는 특성이 변할 정도로 너무 길어서는 안 됨. 연구자가 테스트(test)효과를 없애기 위해서 시간적 간격을 상당히 둘 경우에는 조사대상자의 변화에 의해 발생하는 성숙 효과가 발생함
  - 검사와 재검사를 동일한 조건에서 실시하여야 함

(3) 반분법 ★★

① 반분법은 검사-재검사의 테스트(test)효과와 성숙효과를 제거하기 위하여 고안된 것으로, 하나의 측정도구를 임의로 둘로 나누어 각각 독립된 두 개의 척도로 사용하여 동일한 대상에 대해 동시에 측정을 실시한 후 각각의 측정값을 비교함으로써 신뢰도를 측정하는 방법

　　- 전체 N개의 항목들을 가진 측정도구를 무작위로 반으로 나누어 이루어진 두 개의 측정도구를 만듦

　　- 두 개의 측정도구에 의해 측정된 값들은 서로 간에 어느 정도 상관관계가 있는지를 구하게 되고, 이것이 곧 전체 측정도구의 신뢰도를 나타내는 신뢰도 계수가 됨

② 반분법의 장점: 현실적임

　　- 반분법을 구하는 방식에서는 측정 도구를 대상자에게 한 번만 적용하면 되기 때문임

　　- 반분법은 비교적 간단하게 신뢰도를 검토할 수 있고, 측정도구로서 동시에 측정함으로써 검사-재검사법의 단점인 서로 다른 시간 간격으로 인하여 발생하는 외생변수의 영향을 배제할 수 있을 뿐만 아니라 한 번만 측정함으로써 테스트(test)효과를 배제할 수 있음

③ 문항을 반분하는 가장 엄밀한 방법으로는 문항분석을 통하여 문항의 곤란도, 내용 및 변별도 등을 고려하여 두 문항을 가장 동등한 것끼리 선정하여 양쪽으로 동등하게 나누어 나가는 방법이 있음. 그러나 이것은 이상적이긴 하나 실제적으로 어려운 문제이므로 흔히 사용하는 방법으로는 전후반분법 및 기우반분법 등을 사용함

　　- 기우반분법의 예로 홀수 문항과 짝수 문항으로 구분하는 경우가 많음. 이 경우 상관관계가 높을수록, 측정도구의 신뢰도가 높다고 봄

④ 반분법에서 연구자가 고려해야 할 점

　　- 반분된 두 개의 척도를 완전히 동등하도록 만드는 것이 어렵고, 측정문항이 적은 경우에는 사용하기 곤란함

　　- 반분된 각 측정문항의 수는 8~10개가 되어야 함

　　- 하나의 측정도구를 둘로 나누면서 발생하는 오류들을 수정하기 위해서는 스피어만-브라운 교정공식(Spearman-Brown formula, Spearman-Brown prophecy formula)이 적용됨

(4) 유사양식법

① 유사양식법은 평행양식법, 복수양식법, 동형검사법 또는 대안법이라고 함

② 유사양식법은 동일한 측정도구를 내용이 다르지만 방식은 같은 두 가지 형태로 만들어서, 동일한 대상자에게 동시에 적용하여서 얻은 신뢰도를 말함

③ 이 기법은 검사–재검사법과 반분법의 문제점을 극복하는 데 유용하게 쓰일 수 있음

④ 유사양식법의 경우, 첫째 형태의 측정도구를 적용해 얻은 점수와 둘째 형태의 측정도구를 적용해 얻은 점수 사이의 상관관계가 높을수록 측정도구의 신뢰도가 높다고 봄

⑤ 유사방식법의 단점

– 서로 다른 두 개의 동등한 측정도구를 만들기 어렵고, 시험이나 조사를 두 번 시행함으로써 조사환경이나 응답자의 동기 및 태도에 차이가 생길 수 있음. 따라서 두 가지의 유사양식에서 결과가 일관되지 않게 나왔다고 해서, 측정도구가 신뢰도가 없다고 볼 수는 없음

⑥ 유사양식법을 이용하여 척도의 신뢰도를 판단하고자 할 때에는 아직 신뢰도를 인정받지 못한 두 개의 척도 사이의 상관관계를 비교하기보다는 해당 측정대상에 대해 신뢰도가 공인된 척도를 비교대상으로 삼아 새로 개발된 척도를 비교하여 신뢰도를 판단하는 것이 효과적인 방법일 수 있음

(5) 내적 일관성 분석법 ★★★

① 내적 일관성 분석법은 문항 상호 간에 응답자의 답이 어느 정도 일관성이 있는가를 검사하여 질문지의 신뢰도를 평가하는 방법임

② 내적 일관성 분석법은 신뢰도 측정방법으로 가장 많이 사용되고 있는 것으로, 측정도구의 문항을 양분하거나 반복하여 조사하지 않고, 한 번의 조사나 시험으로 유일한 값의 신뢰도 계수를 얻는 방법임

③ 측정도구의 내적 일관성 신뢰도는 측정도구의 문항들로 구성된 가능한 모든 하위표본에서 얻어진 점수들 사이의 상관관계에 대한 평균값을 말함

④ 내적 일관성 신뢰도를 측정하기 위해 오늘날 가장 많이 사용하고 있고 또한 가장 유용한 방법은, 크론바하의 알파(Cronbach`s alpha, Cronbach`α) 계수를 계산하는 방법임. 이는 크론바하(L. J. Cronbach, 1951)가 제안한 것으로 쿠더-리처드슨 (Kuder-Richardson)의 신뢰도 추정방법인 K-R20 공식을 보다 일반화한 공식에 의하여 얻어진 신뢰도 계수임

- 크론바하의 알파 계수는 측정도구에 있는 문항들을 반으로 나누어 구성된 모든 하위집단의 점수들 사이에서 얻어진 상관관계의 평균값을 말함
- 일반적으로 크론바하의 알파 계수는 0~1의 값을 갖는데, 값이 클수록 신뢰도가 높음. 보통 0.8~0.9의 값이면 신뢰도가 매우 높은 것으로 보며, 0.7 이상이면 바람직한 것으로 봄. 특히 크론바하의 알파 계수가 0.9 이상일 경우에는 내적 일관성 신뢰도가 매우 높다고 판단함

3) 신뢰도 제고방안 ★★

① 신뢰도는 주로 비체계적인 오차와 관련된 것이므로 비체계적 오차의 발생 가능성을 최대한 통제하는 것이 신뢰도를 높일 수 있는 방법이 됨
② 신뢰도를 높이기 위해 제시되는 방안

- 측정도구의 내용을 명확히 함. 측정도구가 되는 문항이나 문구의 내용이 애매모호하게 되면, 응답자뿐만 아니라 조사자도 상이한 해석을 임의로 할 수 있기 때문에 측정오류가 커지게 됨. 따라서 모든 사람이 동일한 의미로 이해할 수 있도록 측정도구가 되는 항목이나 문항의 내용을 명확하게 구성하여야 함
- 측정항목의 수를 가능한 늘림. 대체로 동일한 개념이나 속성을 측정하기 위한 항목의 수가 많을수록, 측정값들의 평균치는 측정하고자 하는 속성의 실제값에 근접하게 됨
- 측정자들의 측정방식이나 태도에 일관성이 있어야 함. 일관성이 없는 측정방식이나 태도는 동일한 질문에 대해서도 응답자들의 반응이 서로 차이를 보이게 됨
- 조사대상자가 잘 모르거나 관심이 없는 내용에 대해서는 응답자가 무성의하거나 실제와 전혀 다른 응답을 할 가능성이 있으므로, 측정을 하지 않는 것이 좋음
- 동일한 질문이나 유사한 질문을 2회 이상하여 응답자로 하여금 일관성 있는 응

답을 하도록 유도하는 방법이 있음
- 일반적으로 신뢰성이 인정되었거나, 이전의 경험에 비추어 신뢰할 수 있는 측정
  도구를 사용함
- 측정자를 대상으로 측정도구에 대한 교육과 훈련을 실시함으로써 사전준비를
  철저히 함. 측정자들에게 면접조사표나 관찰조사표와 같은 측정도구에 대해 교
  육을 하고 실제 예행연습을 하도록 함으로써 측정 시의 오류를 줄일 수 있음

01) 신뢰도에 대한 설명으로 틀린 것은? (8회 기출)

① 복수양식법 – 동일한 양식의 측정도구를 사용한다.

② 반분법 – 측정도구를 내용적으로 두 개로 나누어 본래의 척도를 한 번 적용한다.

③ 크론바하 알파 – 상관관계 계수와 상관이 있다.

④ 재검사법 – 상관관계와 관련이 있다.

⑤ 재검사법 – 같은 척도를 사용한다.

☞ 해설

① 복수양식법은 두 개의 측정 도구를 만들어 동일한 대상에 차례로 적용하여 신뢰도
를 측정하는 방법임.

정답 ①

02) 내적 일관성 신뢰도에 관한 설명으로 옳지 않은 것은? (14회 기출)

① 반분법은 내적 일관성 신뢰도를 평가하는 방법이다.

② 척도 내 문항들 간 상관관계를 분석하여 평가한다.

③ 가장 일반적인 신뢰도 평가방법이다.

④ 크론바 알파를 사용하여 나타낼 수 있다.

⑤ 동등한 것으로 추정되는 2개의 측정도구를 사용하여 평가하는 방법이 최근 추세
이다.

☞ 해설

⑤ 동등한 것으로 추정되는 2개의 측정도구를 사용하는 것은 복수양식법임.

정답 ⑤

제10장
|
측정의 타당도

1. 타당도의 개념과 측정방법

1) 타당도의 개념 ★★
① 측정도구의 타당도(validity)는 측정도구가 원래 측정하려고 의도한 것을 측정하는 정도를 가리킴
 – 측정도구가 측정하려고 하는 개념을 측정도구가 정확히 반영하는 정도를 일컬음
 – 예를 들어, 지적 능력의 경우, 컴퓨터 게임을 하는 시간의 양을 재는 측정도구보다는 지능지수(IQ)를 재는 측정도구가 타당도가 더 있는 측정도구일 것임
② 일반적으로 사회복지조사에서 다루는 특성들은 직접적으로 측정하기가 어려운 것이 많음
 – 예를 들어, 소득은 직접 측정하기가 쉬우나 자아존중감은 직접 측정하기가 쉽지 않음. 사회복지에서 관심을 가지는 특성들 중에는, 복잡하기 때문에 간접적으로 측정할 수밖에 없는 특성이 많음. 특성을 측정하는 방법이 더 간접적일수록, 타당도와 관련된 문제가 더 심각해짐

2) 타당도의 측정방법 ★★

타당도에는 여러 가지 형태가 있음. 타당도의 주요한 형태로 액면(face) 타당도, 내용(content) 타당도, 기준(criterion) 타당도, 구성(구성체)(construct) 타당도가 있음. 이 중에서 액면 타당도와 내용 타당도를 동일한 것으로 보는 학자도 있고, 따로 구분하는 학자도 있음

(1) 액면 타당도

① 액면 타당도는 조사자나 전문가가 주관적으로 판단해 볼 때 측정도구가 해당 변수를 합당하게 측정하는 것으로 보이는 정도를 말함
  - 그러나 어느 측정도구가 액면 타당도를 가진다고 해서, 이 측정도구가 조사자가 측정하고자 하는 것을 실제로 측정한다고 볼 수는 없음. 왜냐하면 액면 타당도를 가진다는 것은, 한 사람 이상이 판단해 볼 때에 해당 측정도구가 조사자가 측정하려는 바를 측정하는 것으로 '보인다'는 것을 의미할 뿐이기 때문임
② 액면 타당도는 조사자나 전문가가 타당도를 주관적으로 평가해서 얻음. 가장 단순하고 설득력이 가장 적은 방법임
  예) 종교모임에 참석하는 횟수를 가지고 사람의 신앙심을 측정하는 것

(2) 내용 타당도 ★★

① 내용 타당도는 측정도구가 개념에 포함된 여러 가지 의미를 다루고 있는 정도를 가리킴. 따라서 내용 타당도는 측정도구의 내용이 대표성을 가지는 정도를 말함
  - 측정도구의 내용이 측정하고 있는 특성의 모든 내용을 대표하고 있을 경우에, 측정도구는 내용 타당도를 가진다고 볼 수 있음
② 내용 타당도는 직접적으로 파악될 수 없음. 조사자는 모든 내용을 실제로 알지 못하기 때문임
③ 액면 타당도와 마찬가지로, 내용 타당도는 판단에 근거해 정해짐. 구체적으로 내용 타당도는 개념을 구성하는 모든 측면을 측정도구가 다루고 있는지를 조사자나 전문가가 판단해서 이루어짐

(3) 기준 타당도 ★★

① 기준 타당도는 조사하고 있는 특성을 측정한다고 알려져 있거나 측정한다고 믿어지는 한 가지 이상의 외부기준과 측정도구를 비교해서 얻어짐. 따라서 기준 타당도는 측정도구가 일부 외부기준과 관련되는 정도를 말함

② 측정도구의 기준 타당도를 조사할 경우, 조사자는 측정도구와 연관이 있는 외부기준을 선정함. 이후 측정도구로 측정한 결과가 외부기준과 얼마나 잘 일치하는지를 살펴봄

③ 기준 타당도는 동시(concurrent) 타당도와 예측(predictive) 타당도로 구분할 수 있음

- 동시 타당도와 예측 타당도는 외부기준의 유형에서 차이가 남
- 동시 타당도는 측정도구가 개인의 현재 상황이나 현재 상태를 정확하게 예측하는 정도를 가리킴. 따라서 동시 타당도의 경우, 측정도구를 적용한 결과가 현재 이용할 수 있는 외부기준과 얼마나 잘 일치하는지를 살펴봄

  예) 자원봉사 참여를 측정하는 도구의 동시 타당도를 설계하기 위해서, 측정도구를 적용해 나타난 결과를 응답자가 자원봉사에 참여한 실제 기록과 비교할 수 있음

- 예측 타당도는 측정도구가 미래에 발생할 기준을 정확하게 예측하는 정도를 가리킴. 따라서 예측 타당도의 경우, 측정도구를 적용한 결과가 미래의 기준과 얼마나 잘 일치하는지를 살펴봄

  예) 자원봉사 참여를 측정하는 도구의 예측 타당도를 설계하기 위해서, 측정도구를 적용해 나타난 결과를 응답자가 미래에 자원봉사에 참여하는 정도와 비교할 수 있음

(4) 구성(구성체) 타당도 ★★

① 구성(구성체)은 구체적인 개념이 아니라 추상적인 개념을 가리킴. 따라서 구성 타당도는 측정도구가 이론체계 내에서 예상되는 바대로 다른 변수들과 관련을 맺는 정도를 말함. 구성 타당도에서는 측정도구 그 자체보다는 측정하고 있는 특성에 관심을 가지는 경우가 많음

② 구성 타당도에 수렴(convergent) 타당도와 판별(discriminant) 타당도가 있음
- 수렴 타당도는 구성을 측정하는 서로 다른 측정도구들이 유사한 결과를 보여 주는 정도를 의미함. 조사자가 사용하는 측정도구의 결과가 동일한 개념을 측정하는 다른 방법의 결과와 일치할 경우에, 이 측정도구는 수렴 타당도를 가진다고 볼 수 있음
- 판별 타당도는 구성을 다른 구성과 경험적으로 구분하는 정도를 가리킴. 측정도구의 결과가 동일한 개념의 측정치와는 크게 일치하지만, 다른 개념의 측정치와는 크게 일치하지 않을 경우에, 이 측정도구는 판별 타당도를 가진다고 볼 수 있음
③ 측정도구의 구성 타당도를 확인하는 방법의 하나로 요인분석을 실시하는 방법이 있음. 요인분석의 경우, 문항들 사이에 상관관계가 높은 것을 하나의 요인으로 만듦. 이렇게 하나의 요인을 구성하는 문항들은 하나의 개념을 측정한다고 봄
④ 구성 타당도는 타당도의 주요 형태들 중에서 가장 복잡한 형태의 타당도임

2. 타당도와 신뢰도의 관계 ★★★

1) 타당도와 신뢰도의 개념에 대한 이해
① 타당도와 신뢰도의 두 개념은 존재의 개념이 아니고, 정도의 개념(matter of degree)이기 때문에 신뢰도나 타당도가 '있다, 없다'는 표현보다는 '높다, 낮다'라는 표현이 정확함
② 신뢰도가 높다고 해서 반드시 타당도가 높다는 것을 의미하지 않으며, 신뢰도가 없으면 타당도를 검토하는 것은 의미가 없음. 따라서 신뢰도는 타당도의 기본적인 전제조건임. 신뢰도는 타당도를 위한 필요조건이지, 충분조건은 아님

2) 신뢰도와 타당도의 관계 ★★★
① 측정도구를 이용하여 의미 있는 연구결과를 얻으려면 타당도는 물론이고 측정도구의 신뢰도가 높아야 함
② 신뢰도와 타당도는 서로 비대칭적인 관계를 가짐

- 비대칭적이라는 것은 어떤 척도의 타당도가 높을 경우 당연히 신뢰도가 높지만 반드시 그 역은 아니라는 것. 즉, 척도의 신뢰가 높은 경우라도 타당도는 낮을 수 있음
- 타당도와 신뢰도는 일정 정도 상충관계(trade-off)를 가질 수 있음. 어떤 척도의 신뢰도를 높이고자 한다면 타당도는 낮아지고 타당도를 높이고자 한다면 신뢰도가 일정 정도는 낮아짐

③ 타당도가 높으면 반드시 신뢰도도 높음

④ 타당도가 낮은 경우에 신뢰도는 높을 수도 있고, 낮을 수도 있음. 즉, 타당도가 낮다고 해서 반드시 신뢰도가 낮은 것은 아님

⑤ 신뢰도가 높은 경우에 타당도는 높을 수도 있고, 낮을 수도 있다. 즉, 신뢰도가 높다고 해서 반드시 타당도가 높은 것은 아님

⑥ 신뢰도가 낮으면, 반드시 타당도가 낮음

⑦ 신뢰도는 무작위 오류와 관련이 있고, 타당도는 체계적 오류와 관계가 있음

⑧ 신뢰도는 척도에 의해서 측정된 값들이 얼마나 일관성이 있는지에 관심이 있고, 타당도는 척도와 측정대상의 관계에 주목함

> **※ 신뢰도와 타당도 사이의 관계 비유**
> 사격의 표적으로 비유하면, 총은 측정도구를 나타내고, 과녁은 표적이 됨. 이 경우, 표적의 중심 부분은 조사자가 측정도구를 가지고 측정하고자 하는 개념을 나타냄. 그리고 표적에서 총탄에 맞은 부분은 측정도구를 사용해 얻은 점수를 나타냄.

---

3. 측정오류

1) 측정의 오류

측정하는 과정은 오류(error)에 취약함

① 조사자가 측정하려고 하는 개념을 정확하게 나타내지 못하는 자료를 얻을 경우에,

측정오류(measurement error)가 나타남. 이런 측정오류는 타당도와 신뢰도에 영향을 미침

② 오류의 크기는 대상의 속성과 측정도구의 성격에 따라 차이가 남. 특히 인간의 심리적 특성은 직접적으로 관찰할 수 없기 때문에, 간접적인 방법을 사용하여 측정하는 경향이 있음

2) 측정에서 오류가 발생하는 주요 원인 ★★

① 측정도구 자체가 결함이 있거나 정확하지 않은 경우에 오류가 나타남

② 측정도구에는 별다른 문제가 없지만, 측정하는 사람이 측정기술이 부족하거나 측정하는 사람이 부주의하거나 착오를 일으킬 경우에 측정오류가 나타남

　　예) 복잡한 설문지를 노인을 대상으로 실시할 경우

③ 대상자의 심리적 특성이 일시적으로 변하거나 측정이 이루어지는 환경이 특이한 경우에 측정오류가 나타남

　　예) 개인의 심리적 특성은 개인이 기분이 좋을 때와 기분이 나쁠 때에 서로 차이가 나기 마련이고, 이에 따라 측정에서 오류가 나타날 가능성이 큼

3) 양적 조사에서 두 가지 형태의 측정오류 ★★★

① 체계적 오류(systematic error)가 있음. 체계적 오류는 조사자가 수집하는 정보가 조사자가 측정하려는 개념을 일관성이 있게 잘못 나타낼 경우에 발생하는 오류를 말함

② 무작위(비체계적) 오류(random error)가 있음. 무작위 오류는 일관성이 있는 방식으로 영향을 미치지 않는 오류를 말함

※ 양적 방법을 사용하는 조사자는 연구를 실시하기 전에, 측정과정에서 체계적 오류와 무작위 오류가 나타나는지 여부를 살펴보아야 함. 대개의 경우, 이것은 조사자가 사용하는 측정절차가 합당한 수준의 타당도와 신뢰도를 가지는지 여부를 살펴보는 식으로 진행함. 타당도를 얻지 못하는 것은 체계적인 오류 때문이라고 볼 수 있고, 신뢰도를 얻지 못하는 것은 무작위 오류 때문이라고 볼 수 있음

4) 체계적 오류 ★★★

(1) 체계적 오류가 나타나는 이유

① 조사자가 자료를 수집하는 방식에 문제가 있기 때문

② 자료를 제공하는 사람들이 역동적 측면을 가지고 있기 때문

③ 조사자가 사용하는 측정도구가 조사자가 측정한다고 생각 하는 것을 실제로 측정하지 못하기 때문

    예) 대상자의 언어는 행동과 항상 일치하지는 않음. 예컨대 부모가 아동학대에 관해 생각하는 바를 부모의 말을 통해서 측정할 경우에, 조사자는 이 부모가 자신의 자녀를 실제로 학대하는지 여부를 반드시 알 수는 없음

(2) 편향(bias)

① 측정도구가 조사자가 측정한다고 생각하는 것이 아닌 것을 체계적으로 측정하는 대표적인 사례는 응답자로부터 자료를 수집하는 데 있어 편향이 포함되는 경우임

② 편향은 측정과정에서 응답자 개인이 좋아하는 바나 응답자 개인이 믿는 바에 근거해 왜곡되게 응답하는 것을 말함

③ 편향은 여러 가지 형태

  – 순응적 반응 편향(acquiescent response set): 질문의 내용에 상관없이 모든 질문에 대해 찬성하거나 반대하는 경향을 말함

    예) 조사자의 경우, 응답자가 조사자가 원하는 방향으로 답변하게 하는 방식으로 질문을 작성. 조사자가 검증하려는 가설을 지지하는 답변을 응답자에게서 들을 때, 조사자는 이에 동의 한다는 표시로 과도하게 미소를 짓거나 고개를 끄덕임

  – 사회적 적절성 편향(social desirability bias): 사람이 자신이나 자신의 준거집단을 좋게 보이게 하는 식으로 말하거나 행동하는 경향을 가리킴. 개인이 조사자의 질문에 답변할 경우에, 자신이 가진 진짜 견해나 행동과는 다르게 응답할 수 있음. 이렇게 되면 응답자 자신의 답변에 편향이 나타나게 됨

    예) 응답자가 조사자가 말하는 것은 무엇이든 동의하는 식으로 응답함. 응답자가 자신에게 좋은 인상을 줄 것으로 보이는 식으로 행동하거나 좋은 인상을

줄 것으로 보이는 말만 함

- 문화적 차이 편향(cultural gap bias): 문화적 차이 편향은 측정하는 과정에 문화적 차이가 반영되어 측정에서 체계적 오류가 나타나는 경향을 말함. 문화적 차이 편향은 어떤 문화를 공유하는 집단에서는 자연스럽게 이해되는 사실이, 이와는 다른 문화를 공유하는 집단에서는 자연스럽게 이해되지 못하는 경우에 자주 등장함

5) 무작위 오류 ★★

① 무작위오류는 일관성이 있게 영향을 미치고 있지 않는다는 점에서 체계적 오류와 다름. 무작위 오류가 나타날 경우, 처음에 측정한 결과와 그 다음에 측정한 결과 사이에는 서로 일관성이 보이지 않음

② 무작위 오류는 오류값이 인위적이거나 편향된 것이 아니라 다양하게 분산되어 있어 무작위적으로 발생하는 것이기 때문에 측정대상, 측정과정, 측정수단, 측정자 등에 일관성이 없이 영향을 미침으로써 발생하는 것임. 따라서 여러 가지 형태를 보일 수 있음

- 측정자로 인한 오류: 건강, 사명감, 기분, 관심사 등과 같은 신체적 · 정신적 요인
- 측정상황요인으로 인한 오류: 측정장소, 측정시간, 좌석배열, 소음, 조명 등
- 측정도구로 인한 오류: 측정도구에 대한 사전교육이 충분하지 않을 때 오류가 발생할 수 있음
- 측정대상자의 오류: 측정하는 절차가 매우 귀찮거나 복잡하거나 따분하거나 피곤할 경우, 응답자는 가능하면 빨리 답변을 마치기 위해 되는 대로 말하거나 행동할 수 있음. 예컨대 설문지의 분량이 많으면서 복잡한 질문으로 가득 차 있을 경우, 응답자는 지루하게 느낄 수 있고 설문응답을 대충할 수 있음

※ 체계적 오류는 체계적으로 제거할 수 있음. 그러나 무작위 오류는 일관성이 없이 나타나기 때문에 쉽게 제거할 수 없음. 그러므로 충분한 정도의 타당도와 신뢰도를 확보하기 위해서, 사회복지조사에서는 체계적 오류와 무작위 오류를 줄이는 데 관심을 가져야 함

(3) 무작위 오류를 줄이기 위한 방안 ★★

무작위 오류는 측정도구, 측정대상, 측정상황의 세 가지 측면에서 모두 발생함

※ 오류를 줄이기 위한 방안
① 측정도구의 내용을 명확하게 함
② 측정항목의 수를 가능한 한 늘림
③ 측정자들의 측정방식이나 태도에 일관성이 있어야 함.
④ 조사대상자가 잘 모르거나 관심이 없는 내용에 대해서는 측정하지 않음
⑤ 신뢰할 수 있는 측정도구를 사용함
⑥ 측정자를 대상으로 측정도구에 대한 교육과 훈련을 실시함으로써 사전준비를 철저히 함

01) 다음에서 사용한 타당도는? (15회 기출)

새로 개발된 주관적인 행복감 측정도구를 사용하여 측정한 결과와 이미 검증되고 널리 사용되고 있는 주관저긴 행복감 측정도구의 결과를 비교하여 타당도를 확인한다.

① 내용 타당도　　② 동시 타당도　　③ 예측 타당도
④ 요인 타당도　　⑤ 판별 타당도

☞ 해설
② 동시 타당도는 이미 존재하고 있는 신뢰할 만한 다른 측정도구와 비교하는 방법임. 새로 개발된 행복감 측정 도구를 이미 검증되고 널리 사용되고 있는 측정도구의 결과를 비교하여 타당도를 확인하였으므로 동시 타당도에 해당됨.

정답 ②

02) 다음 사례에 기술된 '표준화된 척도'의 타당도 평가 방법은? (14회 기출)

사회복지사가 클라이언트 100명의 약물남용 정도를 두 가지 방법으로 측정하였다. 첫째, 약물남용으로 인해 상담이나 치료를 받은 경험이 있는지를 질문하였고, 둘째, 표준화된 척도로 약물남용 정도를 측정하였다. 측정결과, 상담이나 치료 경험이 있는 집단의 척도 평균 점수가 그렇지 않은 집단의 점수보다 통계적으로 유의미하게 높았다. (단, 척도의 점수가 높을수록 약물남용 정도가 심하다고 해석한다.)

① 기준타당도　　② 수렴타당도　　③ 판별타당도
④ 개념구성타당도　　⑤ 액면타당도

☞ 해설

기준타당도 중 기준문항에 의한 타당도로서, 응답들을 판별하는 데 기준이 될 수 있는 질문문항으로 집단을 구분하였음. 기준문항인 상담이나 치료를 받은 경험과 약물 남용 정도에 대한 합계점수 간에 통계적으로 유의미한 상관관계가 있는가에 의해 타당도를 측정하였음.

정답 ①

제11장
|
표집(1)

1. 표집의 의의

1) 표집의 개념 ★★★

표집(표본추출, sampling)이란 모집단(연구대상) 가운데 자료를 수집할 일부 대상을
표본으로 선택하는 과정을 말함

① 전체(모집단)을 상대로 자료를 수집하는 전수조사(complete enumeration)가 가장
   이상적이기는 하지만, 현실적으로 많은 비용과 노력이 들기 때문에 전체 대상 중
   표본에 대한 자료를 바탕으로 모집단 전체의 특성을 추정하게 됨. 여기서 모집단의
   일부인 표본을 추출하는 과정을 표본추출 또는 간단히 표집(sampling)이라고 함
② 우리나라에서 5년마다 실시하는 전수조사인 인구센서스(census)조사와 같이 특수한
   경우를 제외하고는 대부분의 사회조사는 표본조사(sample survey)를 실시하게 됨

2) 표집의 장단점
(1) 표집의 장점 ★★

① 경제성: 전수조사에 비해 적은 비용으로 신뢰할 만한 정보를 확보할 수 있음

② 신속성: 신속하고 시의성 있는 결과를 얻을 수 있음

③ 가능성: 모집단 전체를 파악할 수 없는 경우가 있고, 수가 너무 많아서 조사가 현실적으로 불가능할 수 있으므로 표본을 사용함

④ 정확성: 표본조사는 훈련된 면접자가 소수를 대상으로 조사하므로 다수를 대상으로 한 전수조사에 비해 자료수집과정에서 발생할 수 있는 비표집오차를 줄여 정확도를 높일 수 있음

⑤ 응답률: 응답자로부터 높은 응답률과 협조를 받을 수 있음

⑥ 신뢰도: 전수조사를 하기 위해서는 상당수의 면접자 또는 조사자가 필요하기 때문에 조사자 간의 신뢰도 문제가 발생할 가능성이 높음

(2) 표집의 단점 ★★

① 모집단을 대표할 수 있는 표본을 찾기 어려움. 표본은 모집단 부분 집합으로서 대표성을 가져야 하는데, 표본이 모집단을 대표하지 못할 경우 일반화 가능성이 낮아짐

② 모집단의 크기가 작은 경우에는 표집의 큰 의미가 없음. 모집단이 작으면 모집단을 그대로 조사해도 되기 때문에 표집을 추출하여 조사하는 것이 의미가 없어짐

③ 표본설계가 복잡한 경우에는 시간과 비용이 더 소요될 수 있고, 표본설계가 잘못된 경우에는 오차가 발생할 수 있음

3) 표본의 적절성 확보를 위한 바람직한 표본(sample)의 요건 ★★

① 편견이 들어가지 안하고 충실히 전체를 대표할 수 있는 표본

② 비용이 허락하는 범위 내에서 가장 효과적으로 필요한 정보를 얻을 수 있어야 함

③ 표본이 어떤 층을 포함하는가, 또는 포함하지 않는가를 분명히 알아야 함

④ 반드시 표본의 규모가 커야 하는 것은 아니지만, 일반적으로 표본의 규모는 통계학적인 신뢰도를 확보할 수 있을 만큼 커야 함

⑤ 표본은 가급적으로 현장에서 현장조사원이 뽑는 것보다 연구실에서 충분히 자료를 토대로 일정한 절차에 따라 뽑는 것이 좋음

⑥ 조사 대상이 어떤 특성을 가진 사람이고, 그에 따라서 어떤 형의 표본을 뽑아야 하

며, 조사가 거절당하거나 불가능할 경우 어떻게 대처해야 할 것인가를 미리 생각해 두어야 함

2. 표집관련 용어

1) 요소(표집요소)
① 요소(표집요소, sampling element)는 자료나 정보를 수집하는 기본 단위로, 자료 분석 시 분석단위와 일치하는 경우가 많음. 요소들의 총합이 모집단임
② 요소(element)는 우리가 관심을 가지는 현상에 대한 정보를 수집하는 단위이며 분석의 기초에 해당함
   예) 사회복지사에 대한 조사를 한다고 할 때 요소는 사회복지사 개인이고, 사회복지사 전체가 모집단이 됨. 연구목적에 따라서는 개인이거나 가족, 사회모임, 기업, 집단 등이 표본선정의 요소가 될 수 있음

2) 모집단
① 모집단(population)은 연구대상이 되는 집단 전체 ★★
② 모집단은 현실적으로 한정시켜서 조작적 의미를 부여할 수 있는 특정한 연구요소의 총체이며 우리가 파악하고자 하는 집단의 총합체임
③ 모집단 가운데 표본이 실체로 추출되는 모집단을 연구 모집단(study population) 또는 조사 모집단(survey population)이라고 함
④ 모집단을 정의할 때 조사연구자가 고려해야 할 점은 자신의 연구주제와 목적에 따라 구체적인 변수와 특성을 사용하여 정확하게 모집단을 정의하여야 함
   − 모집단은 때로는 관념적이고 이론적이라서 그 실체와 구체적 대상을 정확하게 규정하기가 어려운 경우가 많음. 시간, 공간, 자격을 구체화시켜 정의함

3) 표집단위(표본추출단위)
표집단위(표본추출단위, sampling unit)는 표본이 추출되는 각 단계에서 표본으로 추

출한 요소들을 담고 있는 요소들의 묶음

① 일반적으로 표집단위는 분석단위와 일치하지만 표집방법에 따라 일치하지 않는
경우도 있음

② 예를 들어, 한 도시에서 성인을 표본으로 선정해서 조사하는 경우
- 도시의 여러 인구조사 구역 가운데 구역의 표본을 1단계로 선정
- 선정된 구역에서 가구를 2단계 표본으로 선정
- 마지막 단계에서는 선정된 가구에서 성인의 표본을 선정

> ※ 다단계표집에서 표집단위는 각각 구역, 가구, 그리고 성인이 되며 이 가운데
> 마지막 단위만이 요소임. 때로는 각 단계별로 제1표집단위, 제2표집단위, 최
> 종표집단위라고 부르기도 함.

4) 표집틀(표본추출틀) ★★

① 표집틀(sampling frame)은 표본이 실제로 선정되는 표본추출단위의 실제목록 또
는 모집단 전체목록

② 1단계 표본에서 표집틀은 바로 연구모집단이 됨
예) 한 고등학교 학생들 중 일부를 표본으로 추출한다면 학생들의 출석부나 학생명
부 등이 표집틀이 될 수 있음

③ 표집틀에서 중요한 것은 표집틀이 모집단을 잘 대표할 수 있어야 함. 그러나 실제
연구조사를 수행할 경우 표집틀 마련이 표집이나 자료수집보다 더 어려운 경우가
많음

5) 관찰단위

관찰단위(observation unit)는 자료수집단위로 연구에 필요한 정보를 직접 수집하는
개별요소 또는 요소의 총합체이자 자료수집단위

- 분석단위는 자료를 분석하는 단위임. 일반적으로 관찰단위와 분석단위는 일치
하지만 항상 일치하지는 않음
예) 영아의 애착행동을 조사하기 위해 어머니를 면접하는 경우도 분석단위는 영

아이지만 관찰단위는 어머니가 됨. 그러나 영아의 애착행동을 조사하기 위해 영아를 직접 관찰했다면 이 경우는 분석단위도 관찰단위도 모두 영아가 됨

6) 모수 ★★

모수(parameter)란 모집단에서 변수를 요약한 수치. 모수는 모집단의 특성을 수치로 표현한 것으로 모집단의 속성을 나타내는 값

① 만약 연구에서 전수조사가 이루어졌다면 각 변수의 빈도나 평균 등과 같은 수치는 곧 모수가 됨. 하지만 대부분의 사회조사연구는 전수조사가 아니라 표본조사를 하기 때문에 모수는 표본의 수치(통계치)를 통해 예측됨

    예) 한 도시의 범죄율이나 가구소득 등이 모수임

② 대부분의 사회조사에서는 모수를 정확히 알지 못하며 다만 표본관찰에 근거해서 모집단의 특징인 모수를 추정하는 것임. 그러나 이렇게 얻은 모수가 반드시 모집단의 진짜 값과 같다고는 볼 수 없음. 측정과정에서 속인다거나, 감춘다거나, 잘못 기록하는 등의 오차가 있을 수 있기 때문임

7) 통계치 ★★

① 통계치(statistic)란 모집단에서 추출된 표본의 변수를 요약하여 기술한 수치

② 연구자는 표본에서 관찰한 통계치를 활용하여 모수를 추정하는데, 전형적으로는 표본의 평균연령이나 소득 등이 바로 통계치. 이 통계치를 가지고 실제 알지 못하는 모집단의 모수를 추정하는 일이 표본조사와 통계적 방법의 주된 작업의 하나임

3. 표본추출의 과정

표본추출의 과정은 모집단 확정, 표본추출 틀 결정, 표본추출 방법 결정, 표본의 크기 결정, 표본추출 시행 등 크게 5단계로 구성할 수 있음

1) 모집단 확정

① 조사연구의 대상이 되는 모집단을 결정하는 단계

② 모집단을 규정하기 위해서는 연구대상, 표본추출단위, 조사범위와 기간 등을 확정해야 함
  - 연구대상은 정보가 얻어지는 대상으로서 연구목적에 의해 결정됨
  - 표본추출 단위는 개인 또는 집단 등으로, 조사범위와 기간은 연구결과의 타당성과 신뢰성을 고려하여 적정수준에서 결정되어야 함

2) 표본추출 틀 결정

① 모집단이 결정되고 나면, 실제로 조사 가능한 표본추출 틀을 결정하고, 이러한 표본추출틀(sampling frame)이 모집단을 대표하는가를 평가해야 함
② 모집단과 표본추출틀이 일치하지 않을 때 표본추출 틀 오차가 발행함
  - 오차발생은 표본추출틀이 모집단 내에 포함될 때, 포함관계에 있지 않고 일부분만 일치할 때 나타남
  - 표본추출틀 오차를 줄이기 위해서는 표본추출 틀과 모집단이 상호 일치하도록 재규정하거나, 자료 수집과정에서 선별적 질문을 통해 조사시작 전에 부적합한 대상은 제거하거나, 자료 분석과정에서 수집된 자료에 가중치를 적용하여 조정해야 함

3) 표본추출방법 결정

① 표본추출 틀이 결정되면 어떤 방법으로 모집단을 대표할 수 있는 표본을 확보할 것인지에 대한 검토가 있어야 함
② 대표성은 추출된 표본의 특성이 모집단의 집합적 특성과 일치하는 정도를 의미하는데, 대표성을 갖추기 위해서는 충분한 표본의 크기와 타당한 표본설계가 필요함
③ 표본의 크기는 모집단 동질성, 표본추출 방법, 신뢰도 등에 따라 달라짐

4) 표본의 크기 결정

① 표본추출이 결정되었으면 모집단의 크기, 모집단의 성격, 연구목적 및 방법, 측정의 신뢰수준, 측정의 정확성, 조사기간과 비용, 조사인력 등을 고려하여 적정수준으로 표본의 크기를 결정해야 함

② 표본의 크기란 모집단으로부터 추출한 표본추출단위의 총수임. 타당한 표본의 크기는 모집단의 성격과 연구의 목적에 의해 달라짐

- 표본의 크기는 무엇보다 모집단을 잘 대표하여 연구자가 조사를 통해 밝히고자 하는 것을 최대한 정확하게 추론할 수 있어야 함
- 통계적 자료 분석에서는 표본의 크기가 최소 30이면 가능하지만, 실제연구에서는 100을 최소크기로 함. 왜냐하면 연구는 보통 여러 변수들을 여러 개의 하위집단으로 나누어야 되기 때문임. 이때 표본수가 작으면 각 집단에 해당되는 연구대상 수가 아주 작아져서 분석이 불가능해짐

5) 표본추출시행

01) 다음의 내용에서 표집 관련 용어의 연결이 옳지 않은 것은? (9회 기출)

2010년 12월 말 현재 맞춤형 건강관리프로그램 서비스를 이용한 경험이 있는 65세 이상 노인을 대상으로 조사를 실시하였다. 표본은 맞춤형 건강관리프로그램 이용자 명ㅂ로부터 무작위로 500명을 추출하였다.

① 모집단 - 건강관리프로그램 서비스 이용 노인
② 표집틀 - 65세 이상 노인
③ 표집단위 - 개인
④ 표집방법 - 무작위
⑤ 관찰단위 - 개인

☞ 해설
② 표집틀은 표본이 추출되는 연구대상 모집단 전체의 목록 또는 모든 단위의 완전한 목록을 말함. 표집틀은 맞춤형 건강관리프로그램 이용자 명부임.

정답 ②

02) 표본추출에 관한 설명으로 옳지 않은 것은? (14회 기출)
① 개인과 집단은 물론 조직도 표본추출의 요소가 될 수 있다.
② 표본추출단위와 분석단위가 일치하지 않을 수 있다.
③ 전수조사에서는 모수와 통계치 구분이 불필요하다.
④ 표본의 대표성은 표본오차와 정비례한다.
⑤ 양적연구에서 표본의 크기가 클수록 유의미한 결과를 얻는데 유리하다.

☞ 해설
④ 표본오차는 표본의 통계량에서 모집단의 모수를 추정하는 과정에서 발생하는 차

이로 표본조사에서 발생함. 표집오차는 모집단을 대표할 수 있는 전형적인 구성요소를 표본으로 선택하지 못했기 때문에 발생하는 오류임. 표본의 대표성은 표본오차와 반비례함.

정답 ④

제12장
|
표집(2)

1. 표집방법

표본을 구분할 때 가장 중요한 점은 추출된 표본이 확률표집방법에 기초하는지 아니면 비확률표집방법에 기초하는지의 구분임. 표본추출의 유형은 확률표본추출법, 비확률표본추출법 두 가지 범주로 나눔

1) 확률표집방법(probability sampling method) ★★

확률표집방법은 무작위 선정절차를 따름. 동전을 던져서 승부를 결정할 때 적용하는 방법과 같은 논리와 절차임. 동전을 던지면 앞면과 뒷면이 나타날 확률은 반반, 즉 1/2(0.5)로 똑같으면 이는 두 사람 모두 이길 수 있는 기회 또는 가능성이 동일함을 의미함

확률표집방법은 모집단의 요소가 표본으로 선정될 확률을 사전에 미리 알 수 있도록 하는 표본선정방법임. 이 방법은 요소를 무작위적으로 선정하기 때문에 체계적인 편견이 없으며, 요소가 표본에 선정될 때 우연성을 제외하고는 아무것도 영향을 미치지 않는 표집방법임

확률표집방법에는 단순무작위표집법, 체계적 표집법, 층화표집법, 군집표집법
(집락표집법) 등이 있음

(1) 단순무작위표집법(simple random sampling)

① 가장 잘 알려진 무작위표집임. 무작위표집의 절차는 표집틀에서 각 사람이나 표집
단위에 번호를 할당하여 조사자가 일정한 유형 없이 단순히 무작위로 뽑는 것임
  - 그러나 사람마다 좋아하는 또는 싫어하는 숫자가 있기 때문에 순수하게 무작위
    인 경우는 매우 드물며, 이런 점을 보완하여 사용하는 가장 보편적인 방법이 난
    수표 이용임
② 단모집단에 대한 사전지식이 거의 불필요하고, 분류오차의 여지가 거의 없고 그리
고 자료 분석과 오차 계산이 쉬운 장점을 가지고 있음. 그러나 전체모집단의 요소
가 많지 않다면 사용할 수 있지만 요소가 많은 경우는 현실적으로 사용하기가 어
려움
③ 최근에는 표본의 크기에 상관없이 표본을 쉽게 선정하는 컴퓨터 프로그램이 사용
되고 있음. 구체적인 방법은 먼저 표본들을 구성하는 모든 요소에 숫자를 부여하
고 원하는 만큼의 숫자를 무작위로 선정하는 컴퓨터 프로그램을 수행하면 됨. 이
때 선정된 숫자가 표본이 됨
  예) 100명의 사회복지학과 학생 중 10명을 무작위로 자원봉사자 선출을 해야 한다
      면 학생의 학번이나 이름을 적어 한곳에 넣고 섞어서 10개를 뽑는 방식. 이때
      자원봉사자로 선출될 확률은 10/100으로 100명 모두 동일함

(2) 체계적 표집법(systemic sampling) ★★

① 단순무작위표집과 거의 유사한 방법으로, 표집틀인 모집단 목록에서 일정한 순서
에 따라 매 k번째 요소를 표본으로 추출하는 방법임
② 일련번호를 붙인 표집틀을 마련하고 모집단 총수를 요구되는 표본 수로 나누어 표
집간격(k)을 구하며, 첫 번째 표집간격 안에 들어 있는 숫자 가운데 하나를 무작위
로 선택하여 추출된 최초의 표본을 기준으로 정해진 표집간격(k)에 따라 추출하는
것임

예) 모집단의 총수가 450명이고 표본이 90이라면 표집간격 k=5가 됨. 표집틀에서 최초의 모집간격인 다섯 사람 가운데 한 사람을 무작위로 뽑음. 그 후 첫 번째 무작위로 뽑은 표본의 번호에 표집간격만큼을 더한 번호에 해당하는 모집단의 사람을 표본으로 선택함. 그 후 계속 표집간격만큼 더해 가면서 해당 번호의 요소를 표본으로 선정함

(3) 층화표집법(stratified sampling) ★★

① 모집단을 먼저 서로 중복되지 않는 여러 개의 층(하위집단)으로 분류한 후, 각 층(strata)에서 단순무작위표집에 따라 표본을 추출하는 방법
② 층화를 위한 기준으로는 연구목적에 부합하는 변수(예: 성별, 연령, 종교 등)를 사용함. 이렇게 층화한 하위집단은 동질적인 특성을 가짐. 따라서 층화표집법은 표집과정을 더욱 효율적으로 만들기 위해 표집을 하기 전에 전체모집단에 대해 이미 알려진 정보를 이용함. 예를 들어, 소득이 모집단의 개인들을 구분하는 특징이 될 수 있으며, 각각의 소득범주 안에서 각 개인들이 무작위로 표집되는 것임
③ 비례층화표집과 비비례층화표집

사례) 주민들의 종교적 분포가 다양한 지역에서 500명의 가구주를 표본으로 선택한다고 가정. 그 지역의 가구별 종교분포는 다음과 같음.
① 기독교인 20%
② 불교인 20%
③ 천주교인 5%
④ 기타 종교인 및 무교인 55%

- 비례층화표집: 사례에서 종교의 모집단의 비율과 비례해서 표본을 선정하는 방법을 비례층화표본이라고 함. 비례층화표본은 종교의 측면에서 표본오차를 원천적으로 제거할 수 있는 것임. 이렇게 선정된 표본은 종교의 각 층별로 모집단의 정확한 비율만큼 표본에서의 대표성을 가짐
- 비비례층화표집: 사례에서 모집단의 비율과 비례하지 않게 표집하는 것을 비비

례층화표집이라고 함. 이 경우 표본에 포함된 각각 층의 비율이 모집단과 비교해서 의도적으로 다르게 구성됨

- 불교인 125명(표본의 25%)
- 기독교인 125명(표본의 25%)
- 천주교인 125명(표본의 25%)
- 기타 종교인 및 무종교인 125명(표본의 25%)

(4) 군집표집법(집락표집법) ★★

① 군집표집법(집락표집법, cluster sampling)은 모집단을 여러 개의 집락 또는 집단들로 구분하여, 이들 집락이나 집단 중 일부를 선택하고, 선택된 집락 또는 집단 안에서만 표본을 무작위 추출하는 방법

② 층화표집은 표집을 하기 전에 모집단의 층화의 크기 같은 보통보다 더 많은 정보가 필요하지만 군집표집법은 사전정보가 보통의 경우보다 덜 필요로 함

- 대규모 서베이조사에서는 모집단 전체에 대한 표집틀을 확보하기가 어렵고 비용도 많이 들기 때문에 모집단 전체 요소의 목록이 필요하지 않은 군집표집을 적용함

③ 군집표집방법은 서베이조사에서 가장 인기가 있는 방법이지만 표본오차가 단순무작위표집보다 군집표집에서 더 높다는 약점이 있음

- 표집오차는 군집의 숫자가 줄어들수록 증가하고 군집의 요소의 동질성이 증가할수록 감소함

④ 전문적인 서베이조사자들은 흔히 다단계 군집표본을 사용하거나 또는 군집표집법과 층화표집법을 함께 사용하기도 함

2) 비확률표집방법(nonprobability sampling method)
(1) 비확률표집방법의 활용 ★★

모집단에 대한 지식 · 정보가 제한되어 있거나 모집단으로부터 선택될 확률이 미리 알려지지 않은 경우 사용함

이론적으로는 대표성과 오차의 추정 가능성 등의 측면에서 확률표집이 보다 이상적이지만, 모집단 자체의 범위를 한정할 수 없거나, 시간, 비용, 인력이 충분치 못한 경우, 확률표집에 대한 대안으로 비확률표집방법을 사용함

비확률표집방법은 연구과제가 전체 모집단의 특성에는 커다란 관심을 두지 않거나 질적 연구 설계에서 사용하는 경우가 많음

대표적인 비확률표집방법은 편의표집법(convenience sampling), 유의표집법(purposive sampling), 할당표집법(quota sampling), 눈덩이표집법(snowball sapling) 등임

(2) 편의표집법(convenience sampling)
① 편의표집법은 임의표집법, 우발적 표집법, 가용표집법이라고도 함
② 모집단에 대한 정보가 전혀 없는 경우, 모집단의 구성요소들 간의 차이가 없다고 판단될 때 표본 선정의 편리성에 기준을 두고 조사자 임의대로 확보하기 쉽고 편리한 표집단위를 표본으로 추출하는 방법
③ 편의표집법은 사회복지연구에서 유용하게 사용되는 경우가 많음. 특히 모든 표본 추출법 중에서 비용과 시간 면에서 가장 효율적이기 때문임
④ 편의표집법에서 표본을 선정하는 방법은 다양함
  - 길을 가다가 마주치는 사람에게 접근하거나 사무실로 들어오는 사람에게 아무런 순서 없이 질문을 하거나 학교 정문 등에 서서 등교하는 학생들을 대상으로 표본으로 추출 등
  - 표본의 대표성 문제와 표집의 편의 문제가 발생할 수 있다는 것을 염두에 두어야 함

(3) 유의표집법(purposive sampling)
① 유의표집법은 판단표집법, 의도적 표집법이라고도 함
② 연구자 및 전문가의 판단으로 조사의 목적과 의도에 맞는 대상을 표본으로 선정하는 방법
  - 유의표집은 연구자가 가진 모집단에 대한 지식, 연구대상자의 특성, 연구주제에 맞추어 말 그대로 연구자의 판단과 연구의도에 따라 표본을 추출하는 것을 말함

③ 측정도구로서 처음 설문지를 개발하고 그 타당성을 검증하려고 할 때 연구자는 다양한 응답자가 개발 중인 설문지에 응답하기를 원할 수 있음
  - 이 경우 표본이 모집단을 대표할 수는 없다는 단점이 있지만
  - 설문지의 문제점을 조기에 발견할 수 있고 다양한 연구대상자에게 설문지의 타당성을 미리 체크할 수 있는 장점이 있음
  - 이런 특성 때문에 유의표집법은 연구의 최종 단계에서보다는 연구의 시작 단계나 탐색적 단계에서 흔히 사용함

(4) 할당표집법(quota sampling) ★★★

① 할당표집법은 모집단 속성 중 조사내용에 영향을 주는 요소를 정해서, 이를 기준으로 몇 개의 범주로 구분하고, 각 범주에 해당하는 표본을 모집단에서 차지하는 범주의 비율에 따라 할당하고, 각 범주로부터 할당된 수의 표본을 임의적으로 추출하는 것
② 할당표본의 뚜렷한 특징은 표본이 모집단의 어떤 특징을 대표할 것을 확실하게 하는 것에 있음. 즉, 할당표집은 비확률표집이지만 가능한 한 모집단을 대표하는 표본을 얻고자 하는 방법임

(5) 눈덩이 표집법(snowball sapling) ★★★

① 눈덩이 표집법은 누적표집법, 연쇄의뢰표집법이라고 하며, 우연표집의 한 형태라고 할 수 있음
② 눈덩이 표집방법은 특정 모집단의 구성요소를 찾기 어려울 때 사용할 수 있는 적당한 방법임. 즉, 눈덩이를 굴리는 것과 같이 처음에는 연구에 필요한 특성을 갖춘 소수의 표본을 갖고, 그 표본을 통해서 다른 사람을 소개받아 점차로 표본의 수를 늘려 가는 표집방법임
③ 주로 약물중독, 성매매, 도박 등과 같이 일탈적인 대상을 연구하거나 노숙인, 이주노동자, 불법이민자 등 모집단의 구성을 찾기 어려운 대상을 연구하는 경우에 사용함
④ 눈덩이 표집방법은 표집과정에서의 대표성을 믿을 수 없기 때문에 양적 연구보다는 주로 질적 조사연구 혹은 현장연구에서 사용하는 표집방법임

2. 표집의 크기와 표집오차

1) 표본의 크기
① 표본의 크기는 모집단으로부터 추출한 표집단위의 총 개수
- 표본의 수는 모집단의 크기와 동질성 여부에 의해 좌우됨
- 표본이란 근본적으로 모집단을 대표하는 요소를 추출해서 모집단을 전체적으로 조사하는 효과를 거두면서도 표집으로 나타나는 오차를 최소화하려는 전략임
② 표본의 크기가 증가하면 표본의 대표성은 증가하나 어느 정도의 크기에 도달하면 표본의 크기를 증대시킨 만큼 대표성이 증가하지는 않음
- 표본의 대표성(representativeness)은 추출된 표본의 특성이 모집단의 집합적 특성과 일치하는 정도에 의해 평가됨
- 표본의 특성이 모집단의 특성과 유사할수록 대표성이 높은 표본으로 볼 수 있음
③ 표본의 크기를 결정하는 요소는 대략 여덟 가지 요소에 의해 결정됨. 모집단의 크기, 조사문제 및 가설, 신뢰수준, 모수치 추정 시에 허용되는 최대오차, 모집단의 동질성, 표집비율, 표집방법, 조사의 현실적 여건 등
④ 표본의 크기를 결정할 때 적용할 수 있는 일반 원칙
- 표본오차가 적을수록 좋다면 표본의 크기가 커야 함
- 모집단의 구성요소가 동질하다면 덜 동질적인 모집단보다 표본의 크기가 작을 수도 있음
- 층화표집은 표본을 추출하기 전에 동질적인 모집단을 구성하기 때문에 단순 무작위표집에 비해 표본의 크기가 작아도 됨
- 몇 가지 간단한 서술통계를 구하는 것이 목적이라면 복잡한 분석이 필요한 연구에 비해 표본의 크기가 작아도 됨
- 가설을 검정하기 위해 변수 사이에 관계를 발전시키고자 한다면 표본의 크기가 커야 함

2) 표집오차(sampling error) ★★
① 표집오차는 모집단의 값과 표본의 값 간의 차이를 말하며 표본오차(standard

error)라고도 함. 무작위표집방법은 체계적인 편견은 없지만, 우연에 의해 발생하는 표집오차는 가지고 있음

② 표집오차가 발생하는 원인은 어떤 대상을 연구할 때 시간이나 비용 등의 이유로 모집단 전체를 연구하기가 불가능할 때 모집단을 대표하는 요소를 선정한 결과임
  – 실직적인 의미에서 모집단 전체의 값을 알 수 없기 때문에 표본으로부터 얻어진 값을 토대로 연구자가 일정한 신뢰수준(95% 또는 99%)에서 나타날 수 있는 오차의 범위를 추정하게 됨

③ 확률적 표집의 장점은 무작위표본의 값으로 모집단의 모수를 추정하려고 할 때 표집오차를 수학적으로 결정할 수 있다는 것임
  – 무응답이 많지 않아야 하고 또 표집절차를 잘 통제한 경우로서 표본의 무작위성(randomness)이 손상되지 않아야 함
  – 표집오차는 표본의 크기가 클수록 적으며 모집단의 동질성이 클수록 적어짐

④ 표본의 크기를 크게 하면 표본오차는 감소하지만, 비표본오차의 발생 가능성은 높아짐
  – 비표본오차란 표본추출 과정에서 발생되는 오차가 아니라, 설문지나 조사자료의 작성, 또는 인터뷰 과정에서 비롯되는 오류, 분석된 자료의 잘못된 해석, 자료집계나 자료를 분석하는 도중에 발생하는 요인들, 응답자의 불성실한 태도 등에서 야기되는 오차를 말함

01) 이질적 집단보다 동질적 집단에서 추출한 표본의 표집오차가 작다는 이론에 기초
한 표집방법을 모두 고른 것은?　　　　　　　　　　　　　　　**(11회 기출)**

ㄱ 유의(purposive)표집　　　　　　ㄴ 할당(quota)표집

ㄷ 단순무작위(simple random)표집　　ㄹ 층화(stratified)표집

---

① ㄱ, ㄴ, ㄷ　　　　　　　　　② ㄱ, ㄷ

③ ㄴ, ㄹ　　　　　　　　　　④ ㄹ

⑤ ㄱ, ㄴ, ㄷ, ㄹ

☞ 해설
층화표집과 할당표집은 동질적인 집단 내의 표집오차가 일절적인 집단의 표집오차보
다 더 작다는 확률분포 논리에 기초하고 있음.

정답 ③

02) 다음 조사에 해당하는 표집방법은?　　　　　　　　　　　**(15회 기출)**

한국산업인력공단은 2015년 사회복지사 1급 국가시험 합격자 명단에서 수험번
호가 가장 앞 쪽인 10명 중 무작위로 첫 번째 요소를 추출하였다. 그 후 첫 번째
요소로부터 매 10번째 요소를 추출하여 합격자들의 특성을 파악하였다.

---

① 체계적 표집　　　　　　② 단순무작위 표집

③ 층화표집　　　　　　　④ 할당표집

⑤ 다단계 집락표집

☞ 해설

모집의 목록(표집틀)에서 일정한 간격(표집간격)을 두고 사례를 표본으로 추출하는 방법임. 첫 번째 표본선정은 무작위적으로 추출하고 매 k번째 사례를 선정해 나가는 방법은 체계적 표집임.

정답 ①

제13장
|
실험설계의 개념, 내적타당도,
외적타당도

1. 실험조사연구의 의의

1) 실험의 개념

- 사회과학에서의 실험은 자연과학에서의 실험의 원리를 도입하여 사회현상에 대한 인과관계를 과학적으로 탐구하고자 하는 조사방법임. 이러한 사회과학의 실험은 자연과학과 같은 실험실 환경보다는 기관 또는 생활환경에서 진행되는 경우가 많음
- 실험조사연구(experimental study)는 내적 타당도에 대한 위협을 최대한 통제하여 변수 간의 인과관계를 검증하고자 하는 조사설계임. 실험조사연구는 사회복지실천 현장에서 제공하는 프로그램이나 서비스의 효과성을 객관적으로 평가할 때 사용함

(1) 실험조사연구의 진행절차
① 일반적으로 실험조사연구는 두 개의 집단, 즉 실험집단과 통제집단을 동질적으로 구성

② 실험자극이 되는 프로그램을 두 집단 중 인과관계를 검증하기 위해 설정한 실험집
    단에만 개입 진행
    - 제3의 변수를 통제하기 위해 설정한 통제집단에는 개입을 시키지 않음
③ 연구문제에서 규정한 문제 행동이나 현상이 되는 종속변수에 대해 개입 전과 후에
    측정을 하여 두 집단에서 나타난 결과 비교

2) 실험의 기본요소 ★★

실험조사연구의 형태를 갖추기 위해서는 독립변수의 조작, 외생변수의 통제, 무작위
배정이라는 세 가지 조건을 갖추어야 함

(1) 독립변수의 조작

① 독립변수를 조작한다는 의미는 연구의 초점이 되는 현상 가운에 원인이 되는 변수
    인 독립변수를 연구자가 인위적으로 한 집단에는 개입시키고 나머지 한 집단에는
    개입시키지 않는다는 것임
② 실험조사연구에서 독립변수는 현상을 변화시킬 수 있도록 실시하는 프로그램이나
    서비스 등임. 종속변수는 실험조건을 통해 변화를 확인하고자 하는 대상자의 행위
    나 태도, 심리적 · 정서적 · 사회적 상태, 사회현상 등이 해당됨
③ 독립변수를 조작하여 의도적으로 하나의 집단에만 개입시키는 이유는 두 집단의
    사전 사후에 변화하는 종속변수 비교를 통해 보다 명확한 인과관계를 확인할 수
    있기 때문임. 독립변수가 종속변수의 변화를 유발시킨다면 인과관계의 기본 전제
    인 시간적 우선성을 확인할 수 있게 됨

(2) 외생변수의 통제

① 외생변수는 독립변수와 종속변수의 인과관계를 방해하는 변수를 말함
② 독립변수의 개입이라는 조건 이외에는 동일한 조건에서 실험집단은 개입을 하고
    통제집단은 아무런 변화를 주지 않는 상황, 즉, 제3의 변수인 외생변수에 그대로
    노출된 상황을 유지하여 종속변수의 결과를 비교하였을 때에만 개입의 효과를 정
    확히 측정할 수 있기 때문에 통제집단을 설정하는 것은 실험조사연구의 가장 기본

적인 조건이 됨

(3) 무작위 배정

① 실험집단과 통제집단을 비교한다는 것은 통제집단의 경우 실험집단이 자극에 노출되지 않았을 때의 상태를 나타낸다는 것을 전제함. 이러한 조건을 만들기 위한 방법이 무작위 배정(random assignments)임
② 무작위 배정은 집단 간 비교를 위해 두 집단의 조건을 처음부터 동일하게 선정하는 것임
③ 무작위 배정은 실험의 내적 타당도를 증가시키기 위한 도구임

3) 사회복지 분야에서 예상되는 실험의 한계

① 실험설계는 가능한 한 다른 변수들의 영향을 통제한 상태에서 독립변수와 종속변수의 인과관계를 검증하는 데 유리하여 높은 내적 타당도를 갖고 있지만, 엄격한 통제의 조건을 갖추어야 하는 조건의 인위성 때문에 외적 타당도를 낮추는 결과로 나타남
② 사회복지 분야에서는 프로그램 효과성을 검증하기 위해 실험설계의 형태를 적용하는 경우가 많음. 이 경우 통제집단의 유지에 대한 윤리적 문제가 제기될 수 있음
③ 사회복지조사는 인간을 대상으로 하므로 독립변수를 조작하는 것에 어려움이 존재함
  예) 이혼이 아동정서에 미치는 영향을 검증하기 위해 대상자들을 이혼시킬 수는 없음
④ 대부분의 사회복지실천 현장에서는 프로그램에 참여하고자 신청한 사람이나 특정 기관에서 의뢰된 대상자를 중심으로 프로그램을 실시함. 따라서 실험의 주요 조건인 무작위 배정을 통해 집단을 구성하는 것은 실제 사회복지실천 현장에서는 적용하기 어려운 한계를 가짐

2. 인과관계와 관련된 개념

1) 인과관계와 실험설계

① 인과관계를 밝히는 것은 과학적 탐구의 목표가 될 수 있으며 타당한 논리적 과정

을 제시함으로 지식이나 이론을 확립하는데 중요한 기반이 됨

② 인과관계는 원인과 결과의 관계로 다양한 사회문제나 현상에 대하여 왜 그렇게 나타났는지에 대하여 원인이나 설명요인을 찾고자 함

　－ 한 사건이 다른 사건의 결정요인이 되는 것, 즉 하나가 다른 하나 혹은 그 이상을 일으키는 요인이 되는 관계를 인과관계라고 함

③ 실험설계는 실험을 통하여 수집된 독립변수와 종속변수간의 인과관계를 밝혀내는 조사설계를 말함

④ 독립변수와 종속변수 사이에 인과관계가 성립하기 위해서는 적어도 공변성, 시간적 우선성, 통제성(가식적 관계의 배제) 등의 세 가지 조건을 충족해야 함

2) 인과관계의 성립 ★★★

(1) 시간적 우선성

시간적 우선성은 독립변수는 시간상으로 종속변수보다 선행하여 발생해야 한다는 것. 즉, 원인적 요인의 발생은 결과적으로 요인의 발생보다 시간적으로 선행하거나 거의 동시에 일어나야 함

(2) 공변성

① 공변성은 원인과 결과를 추정하기 위하여 서로 간의 논리적, 경험적 연관성이 인정되어야 한다는 것을 의미함

② 공변성은 독립(원인)변수와 종속(결과)변수는 경험적으로 상관관계가 있어야 함

(3) 통제성

통제성은 독립변수와 종속변수 사이에 측정된 관계는 두 변수와 관련되어 있는 제3의 변수에 의한 영향으로 설명되어서는 안 된다는 것임

－ 인과관계에 영향을 줄 수 있는 왜곡요인이나 통제요인을 조사설계 과정에서 제대로 반영하지 않으면 정확한 인과관계의 산출이 왜곡될 수 있으므로 제3의 변수에 대한 통제방법을 고려해야 함

3. 인과관계를 추리하는 근거

1) 일치법 또는 합의법(Method of Agreement) ★★
① 어떤 특정한 현상에서 둘 또는 그 이상의 사례들이 공통된 조건을 하나 또는 둘 이 상 가지고 있을 때 그 조건을 현상의 원인 또는 원인의 불가결한 일부분으로 간주 하는 방법
② 일치법은 불필요한 요소를 제거하여 간단하게 추리를 해 준다는 장점이 있으나 두 가지 사례에서 공유하는 요소가 두 가지 이상 되면 어느 것이 원인인지 추리하기 가 어렵다는 단점이 있음

2) 공변법 ★★
① 어떤 현상이 특정한 방식으로 변화할 때마다 다른 현상도 특정한 방식으로 변화하 면 이들 두 현상은 인과적으로 관련되어 있다고 간주하는 방법
② 공변법은 인과관계가 전후가 될 때에는 앞에 일어난 것이 원인이라는 것을 쉽게 알 수 있지만 시간적으로 동시에 일어나는 경우에는 그 원인과 결과를 파악하기 어려워 단지 상호관련성만을 파악할 수 있다는 단점을 가지고 있음

3) 차이법(Method of Difference) ★★
① 두 개 이상의 사례에서 한 조건에만 차이가 있고 다른 조건들을 공통적으로 포함 하고 있는데, 이들 결과에서 차이가 나타난다면 그것은 두 사례에서 차이가 나는 하나의 요소로 간주될 수 있음
② 차이법은 일치법과 마찬가지로 차이가 나는 요소가 둘 이상인 경우에는 어느 것이 정확한 원인인지 파악하기 곤란하다는 단점을 가지고 있음

4) 잔여법(잉여법) ★★
어떤 현상의 일부에 대해서 다른 선행조건이나 원임임을 알았다면 그 현상의 나머지 부분이 나머지 조건이나 시실의 원인 될 수 있다고 간주하는 방법

4. 내적타당도 및 외적타당도

1) 내적타당도의 개념
① 실험설계에 있어 내적타당도(Internal Validity)는 인과관계의 정확성을 의미함
  - 연구를 통해 나타난 결과가 가설에 제시되어 있는 독립변수가 종속변수의 원인
    인지 아닌지 또는 독립변수의 영향으로 인해 종속변수의 변화가 나타난 것인지
    를 정확하게 기술하고 있다고 확신하는 정도
  - 원인과 결과 사이에 존재하는 것으로 추정된 인과관계 추론의 정확성 정도
② 종속변수의 변화가 순수하게 독립변수의 영향에 의해서 나타난 것이라면 내적타
  당도가 높다고 할 수 있음
  - 일반적으로 인과관계 성립조건에서 제시하였던 공변성, 시간적 우선성, 통제성을
    모두 충족시키고 있다면 내적 타당성이 있는 것으로 간주함. 그러므로 독립변수와
    종속변수 간에 다른 변수의 영향이 개입되지 않도록 조사설계가 이루어져야 함

2) 내적타당도를 저해하는 요인 ★★★
조사설계의 내적타당도를 저해하는 요인들인 우연한 사건, 성장효과, 검사효과, 도구
효과, 통계적 회귀, 표본의 편중, 실험대상의 변동, 개입의 효과를 상쇄하는 보상, 선
택과의 상호작용 등이 있음

(1) 우연한 사건
① '외적 사건' 또는 '역사(histiry)요인'으로 불리기도 하며, 조사자의 의도와 관계없
  이 발생하여 종속변수에 영향을 미칠 수 있는 외부사건을 의미함. 독립변수의 영
  향과 시간적으로 일치하여 연구결과를 저해하는 경우임
② 조사기간이 길수록 외적 사건의 영향을 받아 조사설계의 내적타당도가 영향을 줄
  가능성이 커짐

(2) 성장(maturation)
① '성숙' 또는 '시간적 경과'라고 불리기도 하며, 조사기간 또는 사전검사와 사후검

사 사이에 조사 대상의 특성이 변화함으로써 종속변수에 영향을 미치는 경우를 의미함. 즉, 개인의 신체적·심리적 변화가 조사결과에 영향을 미칠 수 있음

② 아동의 경우 빠른 성장의 영향이 있을 수 있으며, 노인의 경우에는 급속한 노화가 영향을 미칠 수도 있음. 그러므로 단일집단을 대상으로 한 실험설계를 통해서는 성장효과의 통제가 불가능하므로 실험집단과 통제집단(비교집단)을 동시에 설정하고 조사대상을 무작위로 배치할 필요성이 제기됨

(3) 검사효과(testing)

검사효과는 사전검사가 사후검사에 영향을 미치게 되어 종속변수의 변화를 초래하는 것을 의미함

- 실험의 실시 전·후에 유사한 검사를 반복하는 경우에 프로그램 참여자들이 사후검사의 측정값에 영향을 미치는 현상

(4) 도구효과(instrumentation)

사전검사와 사후검사에서 종속변수를 측정하기 위해 사용하는 검사도구의 문제로 인해 독립변수가 종속변수에 영향을 미치는 현상

예) 실험집단에 대한 사전, 사후검사 결과 차이가 많이 있는데, 사후검사의 검사도구가 쉬웠다면 그 차이가 실험에 의한 것인지 검사도구의 변화에 의한 차이인지 알수 없음

(5) 통계적 회귀(statistical regression) ★★★

① 같은 현상을 반복해서 측정하면 그 값들이 평균값으로 수렴하는 통계학적 특성이 나타나는데, 이처럼 사전검사에서 종속변수의 값이 극단적인 경우에 사후측정에서 독립변수의 영향과 관계없이 평균값으로 근접하려는 경향을 통계적 회귀라고 함

② 종속변수의 값이 가장 높거나 가장 낮은 극단적인사례들을 실험집단으로 선택했을 경우, 실험 이후에 측정한 종속변수의 값들은 평균값으로 회귀하여 독립변수에 의한 효과를 정확하게 평가할 수 없게 만드는 현상

(6) 표본의 편중

① 표본의 편중은 조사 대상 집단의 대상자를 선정하는데 있어서 실험결과에 영향을
미칠 수 있는 요인이 이미 작용한 사람들을 선택하는 경우에 나타날 수 있는 현상
으로 '표본선택의 편의(selection bias)' 라고 불리기도 함

② 실험집단과 통제집단 구성원을 표집하는 단계에서 상이하기 때문에 나타나는 실
험효과의 왜곡현상이며, 조사자의 임의적 판단에 의해 배치했을 경우나 자발적인
참여자로 구성되었을 때 발생할 가능성이 큼

③ 사회복지현장에서 서비스 이용에 대해 부정적인 생각을 가지고 있는 사람들과 비
교할 때 일반적으로 발생함

- 특히, 조사 대상자 자신이 실험집단에 속하게 되었다고 생각하는 경우, 실험대상
자는 의식적인 노력을 통해 종속변수의 변화를 가져올 수 있음

④ 표본의 편중에 의한 내적타당도 저해를 막기 위해서는 무작위 표본추출을 통한 집
단배치가 이루어지도록 설계되어야 함

(7) 실험대상의 변동(experimental mortality)

실험대상으로 선정되었던 일부 대상자가 조사기간 중에 이사, 사망, 질병, 기타 이유
등으로 탈락하는 경우에 나타나는 왜곡현상을 의미함

(8) 개입의 효과를 상쇄하는 보상

실험을 진행하는 경우에 있어서 통제집단에 포함된 조사 대상에게 불이익이 발생하
는 경우에 불이익에 대한 보상을 다른 상식으로 제공하여 통제집단으로서의 기능을
다하지 못하는 현상을 의미함

(9) 선택과의 상호작용

① 표본선택의 편의(치우침)와 다른 내적타당도 저해요인과의 상호작용이 일어나서
종속변수의 변화 원인을 분명하지 않게 만드는 현상

② 표본선택의 편의와 외적사건(역사요인)의 상호작용, 표본선택의 편의와 성장효과
의 상호작용이 문제가 됨

예) 아동 가운데 남아를 통제집단으로, 여아를 실험집단으로 구분하여 조기영어 프로
   그램을 후 사후검사 결과 여아들에게 더 효과가 높은 것으로 나타남. 실험집단으
   로 선정된 여아의 언어습득능력의 발달이 남아보다 상대적으로 빠른 경우 성장효
   과 영향일 수도 있음

3) 외적타당도

(1) 외적타당도의 개념 ★★★★

① 외적타당도(External Validity)는 결과의 일반화 정도를 의미함
- 연구에서 서술된 인과관계가 해당 연구의 조건을 넘어서서 연구대상인 모집단으로
  일반화될 수 있는 정도
- 연구결과의 적용대상과 공간적 · 시간적 확장이 어느 정도 적용 가능한가와 관련됨
② 조사설계의 외적타당도를 저해하는 요인은 표본의 대표성, 생태적 대표성, 조사에
   대한 반응성 등임

(2) 표본의 대표성 ★★

① 연구는 원칙적으로 모집단 전체를 대상으로 조사를 수행해야 하지만, 모집단이 클
   경우에는 비용과 시간적 제약으로 인해 모집단의 일부를 선택하여 조사한 후 그
   결과를 바탕으로 모집단 전체의 특성을 추론하여 이를 일반화시킴
② 모집단 가운데 조사 대상으로 선정된 일부 개체를 표본이라 하며, 모집단의 일부
   를 표본으로 선정하는 과정을 표본추출(sampling)이라 함
③ 표본에 대한 조사를 통해서 발견된 결과를 일반화시키기 위해서는 '표본이 모집단
   을 얼마나 잘 대표하고 있는가'를 나타내는 표본의 대표성이 고려되어야 함
④ 조사설계의 외적타당도를 높이기 위해서는 표본의 대표성을 확보해야 하며, 이를
   위해서는 표본추출방법을 적절하게 고려해야 함

(3) 생태적 대표성

통제된 실험상황과 실험을 통해 나온 결과가 적용되는 현실상황은 다르기 때문에 일
반화하기 어려운 경우를 말함. 시간적?공간적 특수성으로 인해 일반화에 한계가 있

는 경우임

예) 부산에서 실험을 통해 얻어진 결과가 서울에서도 타당하게 적용될 것인가 하는 것 등임

(4) 조사에 대한 반응성

① 조사대상자가 연구의 대상이 되고 있음을 인식하고 있거나 실험상황 등을 민감하게 의식하여 평소와 다르게 반응을 보이게 됨으로써 실험조사에서 나타난 결과가 자연적인 상황에서 나타나지 않을 경우 '조사 반응성'이라 함

② 실험적인 환경이나 서베이 조사에서 조사대상들은 질문이나 실험적 상황의 의도를 파악하려 하고, 그에 대한 적절한 반응을 보이려 하는데, 이러한 조사 반응성은 조사결과의 일반화에 어려움을 줌

③ 특별한 처치를 받고 있음을 인지하고 있다는 것만으로도 발생하는 효과인 플라시보효과(Placebo Effect), 실험집단에 선택되었다는 사실과 관찰의 대상이 되고 있음을 인식하고 행동함으로써 나타나는 효과인 호손효과(Hawthorne Effect), 선입견 등의 제한된 정보로부터 과장된 일반화를 함으로써 대상을 부정확하게 관찰하는 현상으로 '후광효과'라고도 하는 할로효과(Halo Effect)가 이에 해당됨

5. 내적타당도와 외적타당도 사이의 상충성

1) 외적타당도와 내적타당도를 높이기 위한 설계

① 외적타당도를 높이기 위해서는 최대한 현실과 가까운 조건에서 실험이 이루어지도록 설계해야 함. 반면, 내적타당도를 높이기 위해서는 실험조건을 엄격히 통제해야 함

② 조사연구의 의의를 찾고 인과관계를 정확히 밝히기 위해서는 우선 내적타당도를 높여야 하지만, 사회복지현장에서 실천적으로 문제를 해결하기 위해서는 외적타당도와의 균형을 고려해서 조사설계가 이루어져야 함

2) 조사설계 유형별 내적타당도와 외적 타당도 비교 ★★★★

구분	순수실험설계	유사실험설계	전실험설계	비실험설계
내정타당도	높음	중간	낮음	낮음
외적타당도	낮음	낮음/중간	낮음/중간	중간/높음

3) 비실험설계의 위험성

비실험설계는 순수실험설계에 비해 조사관련 상황이나 조건을 통제할 수 있는 방법이 없으므로 조사결과로부터 인과관계를 추정하는 것은 위험성이 큼

> 비실험설계는 독립변수의 조작이나 난선화를 할 수 없으므로 내적 타당도를 저해하는 요인들을 거의 통제할 수 없음
> – 순수실험설계나 유사실험설계보다 내적 타당도가 낮음
> – 확률표집으로 표본의 대표성을 높일 수 있고 현실상황과의 적합성이 높으므로 외적 타당도는 높다고 할 수 있음

01) 조사설계의 내적타당도를 저해하는 요인과 거리가 먼 것은?

① 표본의 대표성

② 우연한 사건

③ 성장효과

④ 통계적 회귀

⑤ 실험대상의 변동

☞ 해설

조사설계의 내적타당도를 저해하는 요인들인 우연한 사건, 성장효과, 검사효과, 도구효과, 통계적 회귀, 표본의 편중, 실험대상의 변동, 개입의 효과를 상쇄하는 보상, 선택과의 상호작용 등이 있음.

정답 ①

02) 실험조사연구의 형태를 갖추기 위한 조건과 거리가 먼 것은?

① 독립변수의 조작

② 외생변수의 통제

③ 무작위배정

④ 성장효과

☞ 해설

실험조사연구의 형태를 갖추기 위해서는 독립변수의 조작, 외생변수의 통제, 무작위배정이라는 세 가지 조건을 갖추어야 함.

정답 ④

제14장
|
실험설계

1. 실험연구의 개념과 필요성

1) 실험연구의 개념

실험연구는 실험을 통해서 필요한 정보를 얻는 조사연구임

① 사회복지를 위해 필요한 정보는 크게 설문지를 통해 묻는 방식으로 얻거나, 실험을 통해 얻거나, 관찰과 면접을 통해 얻음

② 사회복지조사에서 실험연구의 실험은 주로 프로그램이나 개입을 의미함. 사회복지실험연구에서 필요한 정보는 주로 프로그램 개입의 효과성임

2) 실험연구의 필요성

사회복지분야에서 책임성과 전문성에 대한 관심과 요구가 높아지면서 이에 대처하기 위해 실험연구가 많이 활용되고 있음

① 사회복지실천의 주요 수단은 개입(intervention)과 프로그램(program)임

② 사회복지실천의 책임성을 확보하기 위해서는 개입이나 프로그램의 효과성을 검증해야 함. 이러한 개입이나 프로그램의 효과성을 검증하기 위해 가장 적합한 조사

연구 방법이 실험연구임

2. 실험연구의 유형 및 수행과정

1) 실험연구의 종류 ★★★
실험연구에는 크게 집단실험설계와 단일사례절차가 있음
① 집단실험설계에는 원시실험설계, 실험설계, 유사실험설계가 있음
② 단일사례설계에는 단일사례 단일요소설계인 AB, ABAB설계, 복수사례 단일요소
  설계인 다중기초선 설계, 단일요소설계인 ABCD설계가 있음

2) 실험연구의 방법 및 결과 분석 방법
① 실험연구는 타당도를 확보하는 것이 무엇보다 중요함. 타당도를 완벽하게 확보하
  는 것은 불가능하므로 타당도를 확보하기 위해 많은 실험연구 방법들이 개발되어
  활용되고 있음. 크게 집단실험설계와 단일사례설계로 구분됨
② 집단실험설계로는 실험설계의 모습을 제대로 갖춘 것을 의미하는 실험설계, 원시
  적인 형태의 원시실험설계, 실험설계와 유사한 유사실험설계로 구분됨
③ 단일사례설계는 단일사례설계의 전형적인 형태인 단일사례 단일요소설계인 AB설
  계, ABAB설계, 단일사례요소설계를 보완한 형태인 복수사례 단일요소설계인 다
  중기초선 설계, 단일 다중요소설계인 ABCD 설계가 있음
④ 집단실험설계와 단일사례설계의 가장 큰 차이는 실험의 대상이 집단인가 혹인 단
  일사례인가 하는 점임. 집단인 경우 실험 전후 검사의 차이를 바탕으로 실험의 효
  과성을 검증하는 데 반해, 단일사례는 하나의 사례를 대상으로 하기 때문에 실험
  전후의 검사를 바탕으로 효과성을 검증하기에는 매우 큰 한계를 가짐
⑤ 집단실험설계와 단일사례설계는 단순히 실험대상 측면보다는 실험설계유형 측면
  에서 차이가 있으며, 그 차이의 내용은 실험 전후에 검사를 하여 검증을 하느냐 혹
  은 실험 전, 실험과정에서 여러 차례 검사를 하여 검증을 하느냐 하는 것임

3) 실험설계 수행과정

① 실험설계에서는 사전검사를 하고 단일사례설계에서는 기초선 조사를 함. 집단실험설계의 사전검사는 1회를 시행하고, 단일사례설계의 기초선 조사는 여러 차례 시행을 함

② 사전검사나 기초선 검사가 끝나면 실험(개입이나 프로그램)이 운영됨
  - 집단실험설계에서는 개입이나 프로그램 중간에 측정을 하지 않고 종결한 후에 사후검사를 실시함
  - 단일사례설계에서는 개입과정에서 주기적으로 검사를 시행함. 이에 대해 실험효과는 종속변수가 됨

③ 실험 종결 후 집단실험설계에서는 사후검사를 실시하고 결과분석을 함
  - 결과분석은 집단실험설계에서는 실험집단과 통제집단의 사전사후검사를 비교하는 방식으로 이루어짐
  - 단일사례설계는 기초선 조사와 개입과정에서 주기적으로 측정한 조사들을 비교하여 판단함

3. 집단실험설계

1) 순수실험설계

(1) 순수실험설계(pure experimental design)의 개념

① 진실험설계(true experimental design)라고도 함

② 실험의 기본 요소인 독립변수의 조작, 외생변수의 통제, 무작위 배정을 모두 충족함으로써 실험조사연구 중 인과관계를 확인할 수 있는 가장 이상적인 방법임

③ 연구대상을 무작위 배정으로 실험집단과 통제집단으로 배정하고 독립변수를 실험집단에만 도입하고 통제집단에는 도입하지 않고 두 집단 간 종속변수의 변화를 비교하여 인과관계를 확인하는 것

④ 내적 타당도의 저해요인에 대한 통제가 가능하여 매우 이상적인 설계유형이지만 사회복지실천 현장에서는 독립변수의 조작 등으로 인한 윤리적 측면을 비롯하여 통제

집단과 실험집단을 무작위로 배정하는 것의 어려움 등 현실 적용의 한계가 존재함

(2) 통제집단 사전사후검사 설계(control-group pretest-posttest design) ★★

① 인과관계 추정을 위한 가장 전형적인 방법. 연구대상을 실험집단과 통제집단에 무작위로 배치하고 실험집단에 독립변수를 도입하기 전에 양 집단에 사전검사를 실시함. 다음으로 실험처치 이후 양 집단에 사후검사를 실시하여 두 결과 간의 차이를 비교하는 설계유형임

② 내적 타당도가 높은 설계유형이나 사전검사에 의한 검사효과가 발생할 수 있어 내적 타당도를 저해할 수 있으며, 상호작용 시험효과로 인해 일반화시키기 어려운 외적 타당도 문제가 발생할 수 있다는 한계를 가짐

　예) 우울감 점수가 매우 높은 프로그램 참여자. 프로그램에 참여하면서 자신의 우울감 점수를 낮추기 위해 다른 대상자들보다 더 열심히 참여하였으며, 사후검사에서 의식적 반응을 일으켜 우울증 점수가 현저하게 낮아졌다면, 이는 우울증 완화 프로그램의 효과라기보다는 사전검사와 대상자의 반응성이 상호작용을 함으로써 결과에 영향을 미친 것으로 볼 수 있음. 이처럼 대상자의 반응성은 연구결과의 외적 타당도를 저해하는 요인으로 작용하여 일반화 가능성을 낮추게 됨

실험집단:　$O_1 \rightarrow X \rightarrow O_2$

통제집단:　$O_3 \quad \rightarrow \quad O_4$

실험결과 = $(O_2 - O_1) - (O_4 - O_3)$

※ X: Experiment, 실험적 처치(프로그램/개입)를 의미함

O: Observation, 검사를 의미하는 것으로 실험 전에 실시하면 사전검사(pretest), 실험 후에 실시하면 사후검사(posttest) 가 됨

(3) 통제집단 사후검사 설계(control-group posttest design)

① 통제집단 사전사후검사 설계의 검사효과와 상호작용 시험효과를 배제하기 위해

사전검사를 실시하지 않고 실험집단에 바로 독립변수 도입. 양 집단에 사후검사를 실시하여 두 결과 간의 차이를 비교하는 설계유형
② 두 집단을 무작위 배정함으로 선택의 편의도 통제 가능하여 내적 타당도를 높일 수 있지만, 사전검사를 하지 않음으로 인해 종속변수의 변화를 최초의 상태와 비교할 수 없는 한계를 가짐

실험집단: $X \rightarrow O_1$
통제집단: O_2
실험결과 = $O_1 - O_2$

(4) 솔로몬 4집단 설계(solomon four group design)
① 통제집단 사전사후검사 설계와 통제집단 사후검사 설계를 혼합한 형태이며, 내적 타당도가 가장 높은 설계유형
  – 통제집단 사후검사 설계를 혼합하여 적용함으로써 통제할 수 있으며, 기타 외생변수로 인한 효과를 배제하여 개입의 순수한 효과를 검증하는데 유리한 설계임
② 사전검사효과를 통제함으로써 내적 타당도와 외적 타당도를 높일 수 있는 설계방법으로서 가장 이상적인 설계방법. 하지만 사회복지 현장에서 4개의 집단 무작위 배정으로 구성하고 실행하는 것에 현실적으로 어려움. 또한 4개의 집단을 운영하고 통제하는 데 있어서 많은 비용이 소요되고 운영하기가 매우 복잡하다는 단점이 있음

실험집단: $O_1 \rightarrow X \rightarrow O_2$
통제집단: O_3 $\rightarrow$ O_4
실험집단: $X \rightarrow O_5$
통제집단: O_6
실험결과 = $(O_2 - O_1)$ vs $(O_4 - O_3)$ vs $\{O_5 - (O_1 + O_3)/2\}$
              vs $\{O_6 - (O_1 + O_3)/2\}$

2) 유사실험설계

(1) 유사실험설계의 개념

① 유사실험설계(quasi-experimental design)는 실험설계의 기본요소인 종속변수의 비교, 독립변수의 조작, 외생변수의 통제, 그리고 집단의 무작위 배정 중 한두 가지가 결여된 설계유형

② 유사실험설계 유형은 무작위 배정이 어려운 경우 대안적인 방법을 통해 통제집단의 효과를 갖도록 하는 설계방법임

③ 유사실험설계는 실험집단과 통제집단을 구분하지 않음으로 인해 집단 간 동질성을 담보하지 못하기 때문에 내적 타당도를 확보하기 어렵다는 한계를 가지지만 실험에 대한 통제가 비교적 적기 때문에 순수실험설계에 비해 외적 타당도는 높은 편임

④ 사회복지 분야에서 무작위 배정 적용이 어려운 경우에 대안적 방법으로 활용되고 있음

(2) 시계열 설계(단순시계열 설계, time-series design) ★★★

① 통제집단을 두지 않고 실험집단을 대상으로 독립변수를 도입하기 전후에 일정 기간을 두고 몇 차례 종속변수를 측정하여 점수 또는 경향을 조사하는 방법

실험집단: $O_1 \rightarrow O_2 \rightarrow O_3 \rightarrow X \rightarrow O_4 \rightarrow O_5 \rightarrow O_6$

실험결과 = $(O_4 + O_5 + O_6)/3 - (O_1 + O_2 + O)/3$

② 개입 이전에 변화가 일어나지 않고 개입시험 이후부터 변화가 나타난다는 것을 보여 줌으로써 내적 타당도를 저해하는 일부 요인을 통제한다고 전제함
- 그러나 오랜 조사기간으로 인해 발생할 수 있는 우연한 사건과 반복되는 검사로 인한 측정효과나 도구효과로 내적 타당도를 저해할 수 있음

(3) 복수 시계열 설계(다중 시계열 설계, multiple time-series design) ★★

① 단순 시계열 설계의 우연한 사건 등에 의한 내적 타당도 문제를 해결하기 위하여

통제집단을 추가한 설계유형으로, 시계열 설계에 비동일 통제집단 설계를 가미한 설계

② 비동일통제집단 사전사후검사 설계에서 사전검사와 사후검사를 여러 차례 실시하는 것

- 사전검사와 사후검사를 여러 차례 실시한 평균값을 사용하기 때문에 비교적 안정된 값이라고 할 수 있음
- 그러나 검사, 참여자 탈락 및 실험적 처치의 모방이나 확산효과를 차단하기 어렵고 개인이 경험하는 외부 사건 효과 역시 통제하기 어려움

③ 무작위로 배정하는 설계만큼 좋지는 않지만 통제집단과의 비교 없이 시계열 자료를 평가하는 것보다는 개선된 형태라고 볼 수 있음. 따라서 통제집단을 사용함으로써 내적 타당도 저해요인을 크게 감소시킬 수 있지만, 무작위 배정을 하지 않음으로써 실험집단과 통제집단이 이질적인 가능성이 크다는 한계를 가짐

실험집단: $O_1 \rightarrow O_2 \rightarrow O_3 \rightarrow X \rightarrow O_4 \rightarrow O_5 \rightarrow O_6$

통제집단: $O_7 \rightarrow O_8 \rightarrow O_9 \quad \rightarrow \quad O_{10} \rightarrow O_{11} \rightarrow O_{12}$

실험결과 = $\{(O_4 + O_5 + O_6)/3 - (O_1 + O_2 + O_3)/3\} -$

$\{(O_{10} + O_{11} + O_{12}/3 - (O_{10} + O_{11} + O_{12}/3\}$

---

(4) 비동일 통제집단 설계(non-equivalent control group design)

① 순수실험계의 통제집단 사전사후검사 설계와 유사하지만 무작위 배정을 하지 않은 점에서 차이가 있음. 무작위 배정이 어려운 경우 가능한 범위 내, 즉 배합의 방식 등을 활용하여 실험 집단과 통제집단을 유사하게 구성하게 됨

② 사회복지 현장에서 프로그램의 효과성을 평가하는 데 많이 활용됨

- 사회복지 현장에서 실시하는 프로그램 참여자는 참여하기를 운하는 신청자이거나 특정 기관에서 의뢰가 된 경우가 많기 때문임
- 사회복지 현장의 현실적인 여건으로 인해 무작위 배정에 의해 집단을 배치하는 데 한계가 있기 때문임

③ 연구실행 환경에 비교적 쉽게 적용할 수 있다는 장점이 있지만 무작위 배정이 이

루어지지 않아 두 집단의 초기 상태가 동일하지 않을 가능성이 큼

- 실험집단과 통제집단 간의 교류를 명확하게 통제하지 못하여 실험집단의 결과가 통제집단으로 확산되는 것을 통제하지 못함. 또한 우연한 사건, 성숙효과 등으로 인해 내적 타당도를 저해할 수 있으며, 사전검사로 인한 상호작용 시험효과로 인해 외적 타당도가 저해될 수 있음

실험집단: $O_1 \rightarrow X \rightarrow O_2$

통제집단: $O_3 \quad \rightarrow \quad O_4$

실험결과 $= (O_2 - O_1) - (O_4 - O_3)$

---

3) 전실험설계

(1) 전실험설계(pre-experimental design)의 개념

① 원시실험설계라고도 함

② 무작위 배정을 하지 않고 조사대상자를 선정하고 통제집단을 갖추지 못하는 상황에서 선택하는 가장 낮은 수준의 설계유형

③ 내적 타당도와 외적 타당도를 거의 통제하지 못하기 때문에 인과적 추론에 한계를 가짐. 하지만 이러한 한계에도 불구하고 현실적으로 순수실험설계나 유사실험설계를 활용할 수 없을 때 대안적인 방법으로 활용됨

④ 전실험설계의 종류에는 일회 사례 설계, 단일집단 사전사후검사 설계, 정태적 집단 비교 설계가 있음

(2) 일회 사례 설계(one-shot case study)

① 단일집단에 실험개입을 실시한 후 사후검사에 종속변수를 측정하는 설계유형

② 사전검사를 실시하지 않고 통제집단도 설정하지 않기 때문에 객관적으로 확인할 방법이 전혀 없음. 따라서 선험적 경험이나 전문가의 판단에 의존할 수밖에 없으며, 어떤 내적 타당도도 통제하지 못하기 때문에 인과관계를 검증한다는 것은 불가능함

실험집단: $X \rightarrow O_1$

실험결과 = O_1

(3) 단일집단 사전사후검사 설계(one-group pretest-posttest design)

① 일회 사례 설계에 사전검사를 추가한 것으로서 조사대상에게 사전검사를 실시하고 독립변수를 개입한 후 사후검사를 실시하는 설계유형

② 효과를 측정하는 방법은 사후검사의 결과를 사전검사의 측정값과 비교하고 차이가 있으면 개입의 효과라고 봄. 사전검사를 통해 사후검사의 비교기준을 제시하고 있다는 점에서 일회 사례 설계에 비해 최소한의 내적 타당도 조건을 충족한다고 할 수 있음

③ 내적 타당도 저해요인 중 우연한 사건, 상호작용 시험효과, 성숙 및 검사효과, 통계적 회귀 등을 통제하지 못함. 따라서 인과관계를 추정하거나 다른 상황에까지 결과를 일반화시키는 데 한계를 가짐

실험집단: $O_1 \rightarrow X \rightarrow O_2$

실험결과 = $O_2 - O_1$

(4) 정태적 집단 비교 설계(비동일집단 사후검사 설계, statistic group comparison design)

① 비동일집단 사후검사 설계(posttet only design with nonequivalent groups)라고도 함

② 조사대상을 두 개의 집단으로 나누어 실험개입을 하는 집단과 그렇지 않은 집단으로 구분하여 사후 측정 결과를 비교하는 설계유형

③ 정태적 집단 비교 설계 방식은 순수실험설계의 통제집단 후 비교설계와 유사하지만 무작위 배정을 하지 않는다는 점에서 차이가 있음

  - 선택의 편의가 발생할 수 있음. 선택의 편의가 독립변수의 조작과 상호작용을 하는 경우 내적 타당도와 외적 타당도가 낮아짐

실험집단: $X \rightarrow O_1$

통제집단: O_2

실험결과 = $O_1 - O_2$

4. 단일사례설계

1) 단일사례설계의 개념 ★★★

단일사례설계는 하나의 사례를 대상으로 개입의 효과를 검증하는 실험설계의 일종임

① 하나의 사례라고 해서 반드시 한 사람만을 대상으로 한다는 것은 아님. 한 사람, 한 집단, 한 가족 등 하나의 단위를 의미함

② 실험이라는 용어보다는 일반적으로 개입이라는 용어를 사용함

2) 단일사례설계의 필요성 ★★

단일사례설계는 사회복지실천현장에서 이루어지고 있는 개별사례를 대상으로 한 개입의 효과를 검증하기 위해 필요함

3) 단일사례설계의 방법

① 단일사례설계를 수행하기 위해서는 먼저 네 가지 요소가 있어야 함. 개입, 사례, 실험자, 관찰/측정자임

② 단일사례설계를 위해 필요한 요소가 갖추어졌다면 먼저 사례를 대상으로 개입을 하기 전에 일정기간 동안 측정을 함. 측정은 개입의 대상이 되는 것임

  - 개입하기 전에 여러 차례 측정하는 기간을 기초선구간이라고 함. 통상적으로 A로 표시함

(1) 일정기간의 기초선 구간을 지난 다음에는 개입을 실시함

① 개입을 구조화된 계획대로 시행을 함

② 개입을 하면서 일정 시점마다 기초선 구간에서처럼 측정을 함. 개입의 종류에 따라 B, C, D 등으로 표시함

(2) 측정은 다원측정(triangulation)의 원칙을 따라 측정함

① 다원측정이란 측정방식(자기보고, 면접, 관찰 등), 측정지표, 관찰자 등을 운영함에 있어서 적어도 2가지 이상을 구성하여 운영하는 것임

② 측정지표는 타당도와 신뢰도가 입증된 것을 사용해야 함

(3) 단일사례설계의 다양한 방식

단일사례설계에서는 다양한 방식(AB설계, ABAB설계, ABCD설계 등)으로 시행할
수 있음

① 단일사례 단일요소 설계(AB, ABAB설계): 하나의 사례를 대상으로 한 종류의 개입
② 복수사례 단일요소 설계: 둘 이상의 복수사례에 개해 기초선 구간은 달리하고, 개
  입은 동일한 한 종류만 실시
③ 단일사례 다중요소 설계(ABCD설계): 한 사례에 대해 여러 종류의 개입을 적용

4) 단일사례설계의 결과 해석 방법

단일사례설계를 통하여 개입의 효과를 검증하는 실험을 하였을 때, 효과를 검증하는
방법은 시각적 검증, 통계적 검증, 개입분야 전문가의 임상적 검증 등 크게 세 가지가
있음

5) 단일사례설계에서 유의할 점 ★★★

① 내적 타당도
② 윤리문제
③ 외적 타당도 확보
④ 측정도구로 척도를 활용하였다면 검사효과가 발생하는 것에 유의해야 함

01) 실험설계가 적합한 상황은? (12회 기출)

① 지역사회 욕구를 파악하기 위해 서베이하고자 할 때

② 무료급식 서비스를 받은 노인의 변화를 분석하고자 할 때

③ 국제결혼 가족의 이혼을 파악하고자 할 때

④ 지역아동센터의 지리적 접근성을 분석하고자 할 때

⑤ 정신장애인의 인권 민감도를 측정하고자 할 때

☞ 해설

실험은 조사대상에 대한 여러 변수 간의 인과관계를 인위적으로 규정하여 조작된 변수의 효과를 파악하는 방법임. 실험설계란 실험을 통하여 자료를 수집하고 분석하는 연구로, 실험집단과 통제집단이라는 둘 이상의 비교집단을 둠.

무료급식을 받은 노인집단(실험집단)과 급식서비스를 받지 않은 노인집단(통제집단)을 두어 무료급식 서비스에 따른 변화를 실험설계를 통해 분석할 수 있음.

정답 ②

02) 조사설계의 내적 타당도에 영향을 미치는 것은? (4회 기출)

⊙ 실험집단과 통제집단의 무작위 할당

ⓒ 표본 중 일부의 이탈

ⓒ 사전검사와 사후검사의 검사도구가 다른 것

ⓒ 검사 - 재검사

① ⊙, ⓒ, ⓒ

② ⊙, ⓒ

③ ⓒ, ⓒ

④ ⓒ

⑤ ⊙, ⓒ, ⓒ, ⓒ

☞ 해설

내적 타당도란 실험적 처리가 실제로 의미있는 차이를 가져왔는가를 나타내는 것임.
내적 타당도에 영향을 주는 요인으로는 역사 요인, 성장요인, 검사요인, 실험대상자
상실, 도구의 사용, 통계적 회귀 등임.
㉠ 선정요인, ㉡ 실험대상자의 변동, ㉢ 도구요인, ㉣ 검사요인

정답 ⑤

제15장
|
자료의 통계처리방법

1. 통계처리

① 사회조사의 대상은 개인이 아니라 집단인 경우가 대부분

② 집단적 특성을 연구하기 위해 데이터를 가공하는 것을 통계처리라고 함. 오늘날 퍼스널컴퓨터가 대량 보급되어 수집된 자료의 분석을 거의 대부분 컴퓨터로 하고 있음. 특히 PC용 사회과학 통계분석 소프트웨어인 SPSS PC+(Statistical Package for Social Sciences)가 대중화되어 개인이 손쉽게 자료를 전산처리할 수 있게 되었음

- SPSS는 1969년 미국 시카고 대학에서 데이터 관리 및 통계분석을 목적으로 개발된 통계분석 소프트웨어로서 세계에서 가장 많이 사용되고 있음. SPSS는 데이터 입력은 물론 교차분석, 상관관계분석, 회귀분석, 분산분석, 요인분석 등 모든 통계적 분석이 가능함

③ 전산처리는 데이터 선별(문제가 있는 데이터 제외), 데이터 입력(코딩, coding), 통계처리(원하는 통계기법으로 데이터를 가공), 통계처리 결과의 해석 및 보고서 작성의 과정을 거치는 것이 보통임

2. 통계분석의 유형 ★★★

1) 기술통계와 추론통계 ★★

기술통계는 표본조사를 통해 수집된 자료를 바탕으로 변수의 특성을 있는 그대로 기술(description)하는 것. 추론통계는 표본의 특성에서 모집단의 특성을 추정하는 것
- 기술통계는 표본자료의 특성을 요약하는 것이고, 추론통계는 통계치(statistic)로 모수(parameter)를 추정하는 것
  - 예) 빈민을 대상으로 한 소득조사: 빈민 3,000가구를 표집하여 이들의 평균소득을 구했다면 이것이 기술통계임. 이러한 표본집단의 평균소득을 바탕으로 전체 빈민의 평균소득을 추정해 냈다면 이것은 추론통계임

2) 모수통계와 비모수통계 ★★

모수통계는 등간척도 및 비율척도의 자료를 분석하는 것이고, 비모수통계는 명목척도 및 서열척도의 자료를 분석하는 것임. 예를 들면, 소득, 재산, 교육기간 등의 분석은 모수통계이고, 성별, 종교별, 출신지역별 분석은 비모수통계임

〈 통계분석의 유형 〉

구분	내용
기술통계	· 표본조사를 통해 수집된 자료를 바탕으로 있는 그대로를 기술(description)하는 것 · 표본자료의 특성을 요약하는 것 · 예) 빈민의 표본조사를 통해 빈민의 평균소득을 구하는 것
추론통계	· 표본의 특성에서 모집단의 특성을 추정하는 것 · 통계치(statistic)로 모수(parameter)를 추정하는 것 · 예) 표본집단의 평균소득을 근거로 전체 빈민의 평균소득을 추정하는 것
모수통계	· 등간척도 및 비율척도의 자료를 분석하는 것 · 예) 소득, 재산, 교육기간 등의 분석
비모수통계	· 명목척도 및 서열척도의 자료를 분석하는 것 · 예) 성별, 종교별, 출신지역별 분석

출처: 원석조, 2018:207.

3. 통계처리방법

1) 단일변량분석, 이변량분석, 다변량분석 ★★

① 단일변량분석(uni-variate analysis)은 한 번에 한 개의 변수에 대해 분석하는 것. 변수의 분석은 사례의 분포를 고찰하는 것. 빈도분석이 대표적인 단일변량분석임

② 이변량분석(bi-variate analysis)은 두 변수 간의 관계에 초점을 두는 분석법. 두 변수 간의 관계는 주로 설명적인 목적을 가짐. 단일변량분석은 한 사례의 분포를 살피는 데 목적이 있고, 이변량분석은 두 변수 간의 관계를 설명하는 데 목적이 있음

③ 다변량분석(multi-variate analysis)은 세 개 이상 변수의 관계를 설명하는 방법. 독립변수와 종속변수의 관계를 분석하는 것이 이변량분석이라면, 독립변수와 종속변수 사이에 매개변수를 삽입하여 분석하거나 외생변수와의 관계를 분석하는 것이 다변량분석임

④ 이변량분석은 교차분석과 일원분산분석(one-way ANOVA)이 대표적이고, 독립변수가 두 개일 때 사용하는 이원분산분석(two-way ANOVA), 독립변수가 세 개 이상 일 때 사용하는 다원변량분산분석(MANOVA)이 대표적인 다변량분석방법임

2) 빈도분석

① 빈도분석(frequency analysis)은 변수값들이 이루는 분포의 특성을 파악하는 데 이용됨. 분포의 특성은 빈도 수, 비율, 표준편차, 분산, 최대값, 최소값 등으로 나타낼 수 있음

- 통계적 개념으로서의 평균값(mean)은 개별값(사례)들의 단순 산술평균치를 말함
- 중앙값(median)은 전체 값들의 정중앙(중간) 값
- 최빈값(mode)은 전체 값 중 가장 빈도가 높은 값
- 표준편차(standard deviation)는 개별 값들이 평균값으로부터 떨어진 거리를 표준화(분산에 루트를 씌운 것)한 값
- 분산(variation) 또는 변량은 표준편차를 제곱한 것
- 최소값(minimum)은 개별값 중 가장 작은 값을, 최댓값(meximum)은 개별값 중 가장 큰 값을, 범위(range)는 최댓값에서 최솟값을 뺀 값, 즉 그 거리를 의미함

② 빈도분석은 질문지 조사 결과에 대한 기초 정보를 제공해 줌. 빈도분석의 방법이 비교적 용이하여 그 중요성을 다소 무시하는 경향이 있으나 사실 통계처리방법 중에서 가장 중요함. 질문지 각 문항의 기본적인 정보를 담고 있기 때문임

③ 특히 사회복지분야의 조사, 예컨대 노인, 장애인, 비행청소년, 문제를 가진 가족 등 특수한 집단을 대상으로 한 사회조사의 경우 조사대상 집단의 동질성이 워낙 강하여 교차분석이나 분산분석, 회귀분석 등 고급통계가 큰 의미를 가지지 못할 때가 많음. 이는 사회복지조사에서는 빈도분석이 매우 중요하다는 것을 의미함

④ 통계처리 결과를 보고서로 만들 경우 빈도분석이 우선적으로 사용됨. 빈도분석이 조사결과의 기본적인 분포를 나타내 주기 때문임

⑤ 명목변수는 응답의 빈도와 비율을 그대로 집계해도 되지만(예를 들어, 남자 55%, 여자 45%), 등간변수나 비율변수는 적당한 구간별로 리코딩한 후 각 구간별 비율을 제시하는 것이 좋음(연령의 예를 들면 응답한 것을 그대로 제시하는 것보다 10대, 20대, 30대 등 연령구간별로 리코딩하는 것이 좋음). 또한, 단순빈도와 비율을 숫자로 나타내도 되지만, 필요하면 이를 토대로 그래프나 도형으로 만들어 제시면 이해하는 데 많은 도움을 줌

3) 교차분석

① 교차분석은 두 개의 변수, 즉 독립변수와 종속변수를 교차시켜 각각의 빈도와 비율을 비교해 통계학적 차이를 검증하는 방법임. 교차분석은 독립변수와 종속변수 모두 명목변수와 서열변수일 경우에만 사용함(예, 성별 선호하는 운동의 차이 분석)

② 독립변수가 명목변수이고 종속변수가 등간변수나 비율변수이면(예, 성별 학력시험점수의 차이 분석) 분산분석 등 집단별 평균비교분석방법을 사용해야 함

③ 교차분석은 (Chi-square, 카이자승)으로 판단함. 는 각 빈도의 표준편차를 비교해 그 통계학적 의미를 판단하는 통계기법임

④ 교차분석에서 가 반드시 필요한 이유를 예로 들면: 성별 비누 선호도 조사 결과 여자가 고급 비누를 선호하는 비율이 남자보다 2% 포인트 정도 더 높은 것으로 나타났다. 그렇다면 이 결과를 가지고 여자가 남자보다 고급 비누를 더 선호한다고 말할 수 있을까? 반대로 단지 2% 포인트 차이로는 그렇게 단정 지을 수 없다고 말하

는 것이 옳을까? 바로 이럴 경우 통계학적으로 의미 있는 차이가 나는지 여부를 가릴 수 있게 해주는 것이 이다. 분석 결과 유의도(significance, P값)가 최소한 0.05보다 작게 나와야(P<0.05) 통계학적으로 의미 있는 차이가 난다고 말할 수 있음

〈 성별 비누 선호도 〉

구분	고급 비누	보통 비누	합 계
남자	49	51	100
여자	51	49	100
합 계	100	100	200

출처: 원석조, 2018:212.

4) 분산분석

① 분산분석(analysis of variance, ANOVA, 변량분석이라고도 함)은 통계학자이자 유전학자인 피셔(R. A. Fisher)가 1920~1930년대에 만들었음. 분산분석은 두 집단 이상의 평균 간의 차이를 검증하는 방법인데, 각 집단의 평균이 동일하다는 가설 아래 각 집단의 평균을 비교·분석하는 것임. 즉, 전체 평균과 각 집단의 평균의 차이에 의해 생기는 집단 간 분산의 비교를 통해 만들어진 F(Fisher)분포를 이용하여 가설을 검증하는 방법임

② F분포는 분산의 비교를 통해 얻어진 분포비율임. 즉, 두 표본에서 산출된 모집단 분산의 추정치의 비율로서 이론적 확률분포라 할 수 있음. 이러한 이론적 분포비율을 이용해 각 집단의 모집단 분산에 차이가 있는지, 모집단평균에 차이가 있는지를 검증함. 즉, F = (집단 간 변동)(집단 내 변동). 그리고 분사분석에서 두 집단의 평균을 비교하고자 할 때는 t 검증을, 세 집단 이상을 비교할 경우에는 F 분산분석을 사용함

③ 분산분석은 독립변수가 한 개일 대 일원분산분석(one-way ANOVA), 독립변수가 두 개일 때 이원분산분석(two-way ANOVA), 독립변수가 세 개 이상일 때 다원변량분산분석(MANOVA)이라고 함

④ 일원분산분석은 종속변수가 한 개, 독립변수의 집단이 두 개 이상인 경우 사용함.

남녀 성별 임금의 차이를 분석한다고 하면, 성별은 독립변수로서 남자와 여자 두 개의 집단으로 구성되고, 종속변수는 개인별 임금이 됨. 남녀 두 집단 임금의 평균 비교를 통해 차이를 검증할 수 있음

⑤ 이원분산분석은 독립변수의 수가 두 개 이상일 때 집단 간 차이를 검증할 때 사용함

예) 성별 및 학력별 임금의 차이를 분석하고자 하는 것. 여기서 독립변수는 성과 학력 두 개임. 종속변수는 개인별 임금이 됨. 이원분산분석은 주 효과와 상호작용 효과를 분석하게 하는데, 주 효과가 성별(a), 학력별(b)이라면, 상호작용 효과는 이를 곱한 ab임

〈 분산분석의 종류 〉

구분	내용
일원분산분석 (one-way ANOVA)	·종속변수가 한 개, 독립변수의 집단이 두 개 이상인 경우 ·예) 남녀 성별 임금의 차이
이원분산분석 (two-way ANOVA)	·독립변수의 수가 두 개 이상일 때 집단 간 차이를 검증할 때 사용 ·예) 성별 및 학력별 임금의 차이

출처: 원석조, 2018:2013-214.

5) 상관분석

(1) 상관분석이란

상관분석(correlation analysis)은 두 개의 변수 간의 상관관계를 분석하는 것으로 두 개의 변수가 어느 정도 규칙성 있게 동시에 변화하는 정도를 나타냄. 두 변수 간의 관계가 명백한 선형일 경우 그 선형관계를 숫자로 나타낸 것이 상관계수임. 상관계수는 두 변수 간의 선형관계의 강도와 방향성을 나타냄

(2) 상관계수의 주요 내용 요약 · 정리

- 상관계수는 문자 r로 표시한다.
- 상관계수의 범위는 −1에서 +1까지이다.
- 긍정적인 관계는 선형이 우 상향으로 나타나며 상관성의 강도가 크면 클수록

상관계수는 +1에 가깝다.

- 부정적 관계는 선형이 우 하향으로 나타나며 상관성의 강도가 크면 클수록 상관계수는 −1에 가깝다.
- 상관계수 +1, −1은 완전한 상관관계를 나타낸다. 하지만 현실에서는 거의 찾아볼 수 없다.
- 상관계수 0은 상관성이 전혀 없다는 것을 의미한다.
- 상관계수는 두 변수 간의 기술적 관계를 나타낸다.

(3) 상관분석에서 주의해야 할 점 ★★★★

① 상관계수는 두 변수의 선형관계만 나타낸다. 비선형관계는 나타내지 않음

② 상관계수로 인과관계를 증명할 수는 없음. 상관계수는 두 변수의 상관성을 나타낼 뿐 한 변수가 원인이고 다른 변수가 결과라는 사실을 보여주는 것은 아님. 인과관계를 설명하는 변수는 이 두 변수 외에 다른 변수들도 얼마든지 있을 수 있음

　예) 아이스크림 판매량과 에어컨 판매량이 정(+)의 관계, 즉 아이스크림과 에어컨이 동시에 많이 팔린다고 해서 어느 한쪽이 다른 한쪽의 원인이 될 수 없음. 아이스크림과 에어컨 판매량 증가의 원인은 더운 날씨임

(4) 상관계수와 인과관계에서 유의해야 할 점

① 반응변수(response variables)가 설명변수(explanatory variables)로부터 직접적으로 영향을 받는지 체크해야 함

　예) 취학 전 어린이의 손 씻는 횟수와 감기가 관계있다고 생각할 수 있음. 그러나 감기 걸린 어린이 중에는 손을 자주 씻는 경우도 있음. 따라서 손 씻기 횟수의 증가가 감기의 감소에 선행했는지 아니면 동시에 발생했는지를 체크해야 함

② 설명변수의 변화가 다른 변수와 함께 반응변수의 변화에 기여하는지를 체크해야 함

　예) 숲 속 잡목의 총량이 숲의 화재를 야기하지는 않음. 그러나 잡목은 불이 나면 그 확산에 기여함

③ 설명변수와 반응변수 양쪽에 영향을 미칠 수 있는 공통의 원인을 체크해야 함

　예) 진료기록을 분석한 결과 위장염 발생 빈도에서 모유수유 아기와 분유 아기가

차이를 보였음. 모유 수유 아기의 위장염 발생 빈도가 약간 높았음. 하지만 평균적으로 모유 수유 아기는 소아과를 자주 찾음. 위장염 발생빈도가 모유 때문인지 병원 방문 빈도 때문인지 명확하지 않는다는 것임

④ 두 변수가 시간과의 공간을 넘어 동시에 변화하는지 여부를 체크해야 함

   예) 인터넷 사기 발생 빈도와 선거운동 비용이 지난 30년 동안 같이 증가하여 강한 상관성이 있는 것처럼 보였음. 하지만 인터넷 사기와 선거 운동 비용은 시간 경과와 함께 같이 증가한 것에 불과했음

   가정의 컴퓨터 보유율과 평균수명이 같이 증가한 것도 마찬가지임. 부유한 나라일수록 평균 수명이 높고 가정 컴퓨터 보유율도 높다는 것을 보여줄 뿐임

⑤ 변수 간의 관계가 우연일 수도 있다는 것을 체크해야 함

   예) 한 병원에서 태어난 아기가 대부분 남아였음. 그러나 그 병원이 남자 아기 출생의 원인이 아니라 우연일 뿐임. 다른 여러 병원의 신생아 성비를 조사하면 1:1일 것임

(5) 상관계수의 종류

상관계수에는 피어슨 상관계수와 스피어만 상관계수가 있음. 피어슨 상관계수는 모수적(등간변수 이상) 검증에 사용하고, 스피어만 상관계수는 비모수적(서열변수) 검증에 사용함

6) 회귀분석

(1) 회귀분석이란 ★★

회귀분석(regression analysis)은 특정 변수 값의 변화와 다른 변수 값의 변화를 수학적 선형(linear) 함수식으로 파악하는 통계방법. 즉, 두 개의 변수를 측정하여 가장 좋은 직선(방정식)을 찾는 기술적 방법임. 추정된 함수식을 회귀방정식이라고 함. 회귀방정식을 통해 특정 변수(독립변수)와 다른 특정 변수(종속변수)의 변화관계를 알 수 있음

(2) 회귀분석의 특징

회귀분석은 두 변수 간의 관계를 파악한다는 점에서 전술한 상관분석과 같으나, 상관

분석은 단순히 두 변수 간의 관계의 정도, 즉 상관성을 판단하는 방법인 반면에 회귀분석은 독립 변수가 종속변수에 어느 정도 영향을 미치는지 인과관계를 파악한다는 점에서 다름

(3) 회귀분석의 장점 ★★
회귀분석은 인과관계를 함수식으로 분석할 수 있게 해주기 때문에 실증분석을 통해 가설의 타당성 여부를 검토하는 데 유용한 도구가 되고, 회귀식이 타당할 경우 독립변수의 값을 기초로 종속변수의 값을 추정 또는 예측할 수 있게 해주는 장점이 있음

(4) 회귀분석의 구분
회귀분석은 독립변수가 하나인 경우와 2개 이상인 경우로 구분됨. 하나인 경우를 단순회귀분석, 2개 이상인 경우를 다중회귀분석이라고 함

(5) 회귀분석 사용시 주의점
회귀분석은 인과관계분석에 유용하고 예측도 가능하게 해주기 때문에 비교적 많이 사용되나 주의해야 할 사항이 있음
① 회귀분석에서 사용되는 변수들은 모두 등간변수나 비율변수여야 함
  예) 노인의 생활만족도에 미치는 제반 요인들의 영향을 분석한다면, 종속변수인 생활만족도는 생활만족도척도를 사용해 점수화하고(등간변수), 독립변수로 연령, 건강수준, 교육수준, 재산, 소득 등을 선정했다면 이들 모두 수량화하여 등간변수 또는 비율변수로 만들어야 함
  예외) 남녀 성별과 같은 명목변수. 더미변수(dummy variable)화 할 수 있음. 더미변수는 0과 1로만 표시됨(예, 남자 0. 여자 1)
② 원 데이터 범위 밖에 존재하는 종속변수와 독립변수의 값을 회귀방정식으로 예측해서는 안 됨. 독립변수와 종속변수의 관계가 모든 면에서 선형인 경우는 별로 없음. 일정한 범위 안에서만 선형인 경우가 대부분임. 따라서 데이터의 범위를 벗어난 영역까지 선형 회귀방정식을 적용해 예측치를 얻으면 안 됨
  예) 원 데이터의 퀴즈점수 범위가 56~94점 사이에 있다면, 55점 이하와 95점 이상

의 범위는 예측을 해서는 안 된다는 것임

③ 회귀분석은 시간에 따라 변화하는 데이터, 영향, 가설적 실험, 인과관계 모델 등
통계적 예측에 이용되고 있음. 그러나 SPSS의 보급으로 회귀방정식이 올바른 가
정에 입각해 만들어진 것인지, 회귀방정식에 사용된 독립변수가 적절한 것인지에
대한 엄격한 검토 없이 남용되고 있다는 비판도 있음

01) 각 집단의 평균이 동일하다는 가설 아래 각 집단의 평균을 비교·분석하는 방법은?

① 교차분석

② 빈도분석

③ 회귀분석

④ 분산분석

⑤ 상관분석

☞ 해설

분산분석(analysis of variance, ANOVA, 변량분석이라고도 함)은 두 집단 이상의 평균 간의 차이를 검증하는 방법인데, 각 집단의 평균이 동일하다는 가설 아래 각 집단의 평균을 비교·분석하는 것임.

정답 ④

02) 빈도분석에서 분포의 특성을 나타내는 용어에 대한 설명으로 옳지 않은 것은?

① 평균값(mean): 개별값(사례)들의 단순 산술평균치

② 중앙값(median): 전체 값들의 정중앙(중간) 값

③ 최빈값(mode): 개별값 중 가장 작은 값

④ 분산(variation): 또는 변량은 표준편차를 제곱한 것

⑤ 표준편차(standard deviation): 개별 값들이 평균값으로부터 떨어진 거리를 표준화(분산에 루트를 씌운 것)한 값

☞ 해설

빈도분석에서 분포의 특성을 나타내는 것들은 다음과 같음.

- 통계적 개념으로서의 평균값(mean)은 개별값(사례)들의 단순 산술평균치를 말함

- 중앙값(median)은 전체 값들의 정중앙(중간) 값

- 최빈값(mode)은 전체 값 중 가장 빈도가 높은 값

- 표준편차(standard deviation)는 개별 값들이 평균값으로부터 떨어진 거리를 표준화(분산에 루트를 씌운 것)한 값
- 분산(variation) 또는 변량은 표준편차를 제곱한 것
- 최소값(minimum)은 개별값 중 가장 작은 값을, 최댓값(meximum)은 개별값 중 가장 큰 값을, 범위(range)는 최댓값에서 최솟값을 뺀 값, 즉 그 거리를 의미함.

정답 ③

제16장
|
자료수집 방법(1)
설문조사

1. 설문조사의 개념 및 필요성

1) 설문조사의 개념

① 설문조사는 질문하여 필요한 정보를 얻는 조사임

② 설문조사는 알아보고자 하는 것을 질문의 형태로 개발하여 구조화된 설문지를 만들고, 조사대상자를 표본추출하여 이들을 대상으로 조사를 함

- 사회과학에서 조사를 통해 필요한 정보를 얻는 방법은 크게 물어보는 것, 실험하는 것, 관찰하고 면접하는 것으로 구분해 볼 수 있음

- 사회복지분야에서 설문조사는 욕구(욕구조사-탐색연구), 실태(실태조사-기술연구), 인과관계(인과관계-설명연구), 프로그램 효과(평가조사-평가연구)를 밝히거나 검증하는 데 주로 사용함

③ 설문조사는 조사대상자에게 직접 설문을 하기도 하지만 전화, 우편, 컴퓨터 등 다양한 매체설문조사는 오늘날 사회과학에서 가장 자주 사용하는 조사방법임

2) 설문조사의 필요성 ★★

설문조사는 대부분 이론을 검증하기 위해 이루어짐

① 과학적인 조사의 목적이 이론의 개발과 검증이라면, 설문조사는 주로 이론을 검증하는 데 활용함

② 설문조사는 다음과 같은 연구문제를 해결하기 위해 이루어짐

- 어떠한 어려움을 가지고 있는가?(욕구조사)
- 우리나라 가정폭력율은 얼마나 되는가?(실태조사)
- 우리나라 부부폭력 요인은 무엇인가?(요인조사)
- 스트레스는 부부폭력의 요인인가?(인과관계조사)
- 프로그램에 만족하는가?(프로그램 효과조사)
- 프로그램 참여 이후 변화한 것은 무엇인가?(프로그램 효과조사)

2. 설문조사의 유형

설문조사방법은 대인면접법, 전화면접법, 우편조사법, 인터넷조사법, 집단조사법 등으로 구분됨. 이들 조사방법은 각각 장단점을 가지고 있기 때문에 어느 조사의 형태가 보다 우월하다고 단적으로 말할 수 없음

1) 대인면접법

(1) 대인면접법(face-to-face interview survey)의 개념

훈련을 철저히 받은 조사원이 직접 응답자와의 대면접촉을 통해 자료를 수집하는 방법. 면접원(조사원)이 우선 주제나 문제에 대해 설명을 하고 면접을 통해 주제에 대한 질문을 이끌어 가면서 응답자의 반응을 기록하는 방식으로 진행됨

(2) 대인면접법의 장점 ★★

① 융통성: 응답자의 면접 분위기에 맞춰 정확한 답변을 얻을 수 있음

② 우편설문조사에 비해 응답률이 높음

③ 면접상황에 대한 통제가 가능함

④ 질문뿐만 아니라 관찰도 가능함

⑤ 복잡한 질문의 사용: 면접은 보다 복잡한 질문을 사용할 수 있음

(3) 대인면접법의 단점 ★★

① 우편조사에 비해 비용이 많이 소요됨

② 비구조화된 면접의 경우 면접자에 대한 오류가 발생할 가능성이 높음

③ 자기기입식 설문조사에 비해 익명성 보장이 미흡함

④ 응답자가 여러 지역에 분포되어 있는 경우 접근성에 어려움이 있음

⑤ 면접자의 안전(2명 1팀)에 유의해야 하며, 익명성이 결여됨

(4) 효과적인 대인면접조사를 위한 유의사항

① 면접자가 질문에 대한 정확한 이해와 필요시 질문의 재구성 등의 요령이 필요함

② 복장과 태도에 신경을 써야 함

③ 조사대상자와 먼저 라포(rapport)를 형성하는 것이 중요함

2) 우편조사법(mail-questionnaire survey)

(1) 우편조사법의 개념 및 방법

① 우편을 이용하여 설문지를 보내고 응답자가 편리한 시간이나 장소에서 응답한 후 이를 반송용 봉투를 이용하여 회수하려는 방법

② 응답자 본인이 직접 응답을 기입하는 자기응답식(자기기입식) 설문조사의 대표적인 형태로, 조사자와 응답자가 비대면적 관계를 통해 자료를 수집하게 됨

③ 우편설문조사는 설문지 외에 조사의 목적, 중요성 등을 설명하고 협조를 당부하는 안내문(cover letter)을 동봉해야 하며, 회신용 봉투와 우표를 함께 보내는 것이 일반적임

④ 우편조사방법은 회수율 또는 응답률이 비교적 낮기 때문에 응답률을 높이기 위한 후속조치가 필요함

(2) 우편조사의 장점 ★★

① 조사비용과 노력이 절약됨

② 응답자가 편리할 때 설문지를 완성할 수 있음

③ 익명성이 보장되어 공개하기 어려운 응답도 가능함

④ 면접자의 편견을 배제할 수 있음

⑤ 지리적으로 넓게 퍼져 있는 응답자들에게 모두 접근 가능함

(3) 우편조사의 단점 ★★

① 응답자가 질문을 잘못 이해하고 있더라도 교정할 수 없음

② 응답률, 회수율이 낮음

③ 환경에 대한 통제 불능: 응답자가 아닌 다른 사람이 대신할 수 있음

④ 응답 날짜에 대한 통제 불능: 설문지가 완성되는 시간을 통제할 수 없음

⑤ 복잡한 질문지 구성체제를 사용할 수 없음

⑥ 불확실한 응답에 대한 추가질문이 어려움

(4) 우편설문의 단점을 극복하기 위한 방법

① 모든 사람에게 보내는 설문이라기보다는 개인적인 편지 형식을 이용함

② 가장 관심 있는 질문으로 시작하여 진행하기 쉽도록 화살표 등의 그래픽을 이용함

③ 응답률을 높이기 위해서는 설문지 발송 1주일 후 수취 유무를 확인하고, 3주 뒤에는 미응답자에게 안내문과 함께 두 번째 설문지를 발송함

④ 설문지와 함께 문화상품권 등 감사의 표시로 동봉하면 응답률을 향상시킬 수 있음

(5) 우편조사법에서 회수율에 영향을 미치는 요인

① 설문조사기관의 신뢰성: 정부기관이나 대학, 연구소 등 공인된 단체나 기관에서 조사를 실시할 경우 비교적 응답률이 높은 반면, 잘 알려지지 않은 기관이나 단체에서 질문조사를 실시한 경우 회수율이 떨어짐

② 연구주관자 및 후원자: 연구주관자나 후원자는 응답 시 동기부여가 되므로 안내서신에 연구주관자나 후원자의 정보를 기재하는 것도 응답률을 높이는 방법이 됨

③ 설문협조문의 스타일 및 내용

 - 조사자가 질문지를 성의 있게 제작하였으며, 응답이 연구에 매우 중요한 자료가

된다는 점 강조

- 응답내용이 절대 익명으로 처리되어 통계법상으로 보호받는다는 사실을 강조
- 설문협조문은 별도의 용지에 따로 분리하는 것보다 질문지 앞에 위치하는 것이 더 효과적이며, 설문협조문은 길거나 어렵지 않게 표현
- 봉투의 경우, 눈에 잘 띄게 디자인하는 것이 중요함

④ 설문분량의 적절성: 질문문항 너무 많은 것보다 적은 편이 응답률을 높임

⑤ 얼마나 쉽게 응답할 수 있는지 여부: 설문내용에 응답방법이 표시, 구체적 지시 필요한 곳에 지시문 작성, 질문이 너무 길지 않게 작성 등

⑥ 설문응답에 대한 동기부여

- 응답에 대한 유인책으로 응답자의 선의(goodwill)에 호소, 자아존중감 고양, 응답자와의 상호유대감 형성 등의 심리적 보상이나 간단한 선물이나 금전적 보상 등의 방법이 있음
- 설문응답의 마감일을 정하여 회수율을 높일 수 있지만, 응답 자체의 포기로도 이어질 수 있어 신중히 처리하는 것이 좋음

⑦ 우송방법 및 우송시기: 회신용 우표를 질문지와 분리되지 않게 잘 부착하여 보내는 것이 필요함. 특히 휴가철, 연휴기간, 명절기관과 같이 우송시간이 많이 걸리고 다른 우편물이 많은 시기는 피하는 것이 좋음

⑧ 응답자의 특징: 조사하고자 하는 연구문제에 대한 관심, 집단에의 소속 여부, 연령, 학력, 성별에 따라 응답률이 다를 수 있음

⑨ 후속조치: 최초로 질문지를 발송한 후 1차, 2차, 3차에 걸려 후속조치를 취함으로써 회수율을 높일 수 있음

3) 전화면접법(telephone survey)

(1) 전화면접법의 개념

① 조사원이 응답자를 직접 만나는 대신 전화를 이용하여 정보를 수집하는 방법임

② 전화번호부를 이용하여 비교적 쉽고 정확하게 모집단에서 표본을 추출할 수 있고 빠른 시간에 저렴한 비용으로 조사를 실시할 수 있음

③ 최근에는 정치, 경제, 사회적인 문제에 대한 여론수렴이 필요할 때 많이 사용함

(2) 전화면접의 장점 ★★

① 대인면접법보다 조사시간과 비용이 절감됨

② 조사가 간단하고 신속함

③ 표본접촉범위가 넓으며 조사대상자에 대한 접근이 용이함

④ 익명성 보장으로 사회적으로 용인되지 않은 응답을 얻을 수 있음

(3) 전화면접의 단점 ★★

① 응급상황에 대한 통제가 어렵고 시간적인 제약이 있음

② 대인면접법처럼 부가적인 정보습득이 어려워 조사내용에 한계가 있음

③ 전화가 없거나 전화번호부 미기재자는 누락될 가능성이 있음

④ 응답이 쉽게 중단될 수 있음

4) 인터넷조사법(internet survey)

(1) 인터넷조사법의 개념

① 인터넷에서 설문조사를 실시하여 정보를 수집하는 방법으로서 온라인조사법이라고도 함

② 이메일(e-mail)을 사용하는 방법, 홈페이지를 활용하는 방법, 전문조사기관의 사이트에 의뢰하는 방법 등이 있음

(2) 인터넷조사의 장점 ★★

① 일반 조사법인 대인면접법이나 전화면접법, 우편조사법과는 달리 별도의 자료수집이나 코딩 등의 과정이 생략되기 때문에 상대적으로 인력, 시간, 비용을 절약할 수 있음

② 응답자에 대한 접근이 용이하고 음악이나 동영상 등의 멀티미디어 활용이 쉬우며 실시간 분석과 연속적인 조사가 가능함

(3) 인터넷조사의 단점 ★★

① 응답자 기록이 응답자의 익명성이 보장되기 어렵고, 확보된 이메일 목록이나 자신

의 사이트에 들어온 응답자 외에는 조사할 수 없기 때문에 조사대상 표본 집단의 대표성을 보장하기 어려움

② 응답자의 신문 확인 방법이 제한되어 있는 경우 응답자의 중복응답 여부 등을 통제하지 못함

5) 집단조사법(group survey)

(1) 집단조사법의 개념

① 여러 사람이 한자리에 모이게 하여 조사원의 지도하에 일시에 설문조사를 실시하는 방법

② 조사대상자를 개인적으로 만날 수 없거나 각 개인의 연락처를 알 수 없을 때, 즉 우편조사나 개별면담이 불가능할 때 사용함

(2) 집단조사의 장점

① 소요시간과 경비를 최소화할 수 있음

② 조사를 간편하게 진행할 수 있어 조사원 수를 줄일 수 있음

③ 조사의 조건을 표준화함으로써 응답조건을 동등하게 할 수 있음

④ 설문지에 대한 의문과 질문을 그 자리에서 해결할 수 있음

⑤ 조사원이 설문조사 전 과정을 관리함으로써 질문의 대리작성을 최소화할 수 있음

(3) 집단조사의 단점

① 집단을 대상으로 시행되기 때문에 조사자가 원하는 표본을 구하기 어려움

② 응답자들이 모집단을 대표하지 못하는 경우가 발생할 수 있음

③ 응답자의 개인차를 무시함으로써 조사의 타당도가 낮아질 수 있음

④ 조사대상자를 일정한 장소와 시간대에 모으는 것이 어려움

⑤ 조사과정에서 옆 사람이나 타인으로부터 영향을 받을 가능성이 있어 응답자를 통제하는 것이 힘듦

6) 설문조사의 장단점

(1) 설문조사의 장점

① 큰 표본에도 용이하게 적용이 가능함. 일반화 정도가 높음

② 수집한 자료의 표준화는 연구자의 주관적 개입을 최소화할 수 있음

(2) 설문조사의 단점

① 질문요지에 대한 충분한 보충설명을 할 수 없음

② 질문내용상 오류가 발생하였을 때 수정, 보완할 수 없음

③ 일정한 문제에 대해 깊이 있는 조사가 어려움

3. 설문조사 면접방법 지침

면접이 수행되는 방식은 조사대상에 따라 달라지며 또한 어느 정도는 조사내용의 특성에 따라 영향을 받음. 다음은 일반적인 면접지침임

1) 차림새와 태도

① 면접원의 의복과 차림새가 면접대상자들에게 거부감이나 부담이 되어서는 안 됨

② 일반적으로 면접원의 차림새는 면접대상자들과 유사한 것이 좋음

③ 면접원이 태도는 명랑해야 하며 무시하지 않으면서도 여유 있고 친절해야 함

2) 설문지에 익숙하기

3) 설문문항을 정확하게 따라 하기

질문의 표현을 약간만 변화시켜도 전혀 다른 응답이 나올 수 있기 때문에 면접원은 질문문항을 정확히 따라 가야 함

4) 응답을 정확하게 기록하기

개방형 질문의 경우 면접자는 응답을 정확히 기록해야 함. 의역하거나 틀린 문장을

고치려는 시도도 해서는 안 됨

5) 응답에 대한 심층규명

대인면접에서는 응답자가 부적절하거나 불충분하게 응답을 할 경우에는 캐묻기 (probing)를 할 수 있음. 캐묻기는 모든 경우에 중립적으로 이루어져야 하며, 어떤 방식으로든 다음 응답에 영향을 주어서는 안 됨

01) 면접 선문조사와 비교할 때 자기기입식 설문조사가 갖는 장점은? (10회 기출)

① 복잡한 쟁점을 다룰 때 효과적이다.

② 설문의 응답률이 높다.

③ 혼동을 일으키는 질문에 대한 추가 설명이 가능하다.

④ 개인의 민감한 문제를 다루는데 유리하다.

⑤ 일반적으로 시간이 덜 걸리지만, 비용 면에서는 별 차이가 없다.

☞ 해설

자기기입식 설문조사는 피조사자가 익명으로 응답할 수 있으므로 두려워하거나 꺼리는 견해를 솔직하게 표현하기가 용이함.

정답 ④

02) 서베이 조사에 관한 설명으로 옳지 않은 것은? (15회 기출)

① 면접조사는 우편조사에 비해 비언어적 행위의 관찰이 가능하다.

② 일반적으로 전화조사는 면접조사에 비해 면접시간이 길다.

③ 질문의 순서는 응답률에 영향을 줄 수 있다.

④ 폐쇄형 질문의 응답범주는 상호배타적이어야 한다.

⑤ 면접조사는 전화조사에 비해 비용이 높을 수 있지만 무응답률은 낮은 편이다.

☞ 해설

전화조사는 조사내용이 간단한 경우 즉 응답내용과 응답시간이 짧은 경우에만 가능함.

정답 ②

제17장
|
자료수집 방법(2)
관찰

1. 관찰법

1) 관찰의 의의

① 관찰이란 주위에서 일어나는 다양한 일에 대한 지식을 얻는 가장 기본적인 방법임
  - 관찰은 사회복지를 포함한 모든 과학적 연구의 기초방법이며 출발을 의미함
② 연구자가 행동과학 실험설계를 하고자 할 때 종속변수를 측정하는 데 있어 가장 필요한 것이 특정 행동을 관찰하고 기록하는 것임. 관찰은 일상생활 속에서 연구자와 직결된 조사방법일 뿐만 아니라 실제적 측면이 강한 자료수집방법임
③ 과학적 조사연구에서의 관찰은 서베이(survey)와 명확히 구분되는 자료수집방법임
  - 서베이방법에서는 응답자가 자료를 만들어 내는 것으로, 응답자의 생각과 판단이 자료의 원천임
  - 관찰에서는 관찰자가 자료를 산출해 냄. 즉, 관찰자의 판단이 곧 자료가 됨
    • 단순히 자료수집방법의 차이에만 그치는 것이 아니라, 현상에 대한 규정을 '누구의 관점에서 하는가?'라는 사회과학의 근원적인 문제임
④ 과학적 조사연구에서 자료수집이란 조사대상의 개념을 어떻게 규정할 것이며, 어

떤 방법으로 현상을 측정할 것인지에 대한 판단을 명확히 하는 것이 중요함

⑤ 모든 현상에 관찰과 서베이방법이 함께 쓰일 수 있는 것은 아님. 조사대상의 현상에 따라 관찰이 유리한 측면과 서베이가 더 유리한 측면으로 나누어질 수도 있음
  - 대체로 서베이방법이 인간의 내면적 가치나 태도에 관한 자료를 수집하는 데 효과적
  - 관찰은 인간의 외부적 행동에 관한 자료를 수집하는 데 더욱 효과적

⑥ 관찰은 보통 사람들도 자료수집을 위해 많이 쓰는 방법이지만, 일상적인 관찰과 과학적인 관찰은 엄격하게 구분되어야 함
  - 과학적 방법으로 관찰이 사용될 때에는 더욱 체계적이고 의도적인 자료수집의 방법을 의미하는 것이 됨
  - 관찰은 관찰자의 감각기관을 매개로 하여 정보를 획득하는 것임

2) 관찰의 장단점

(1) 관찰의 장점 ★★

① 관찰자가 피관찰자의 어떤 행동이 발생하는 바로 그때에 즉각적으로 자료수집을 할 수 있음
  - 행동이 이루어지고 나서 기억을 '묻는 것'이 아니라, 그런 행동이 나타나고 있는 상황에서 '직접 보거나 듣는 것'을 통해 자료를 수집함
  - 자료수집에서 피관찰자의 단편적인 기억이나 편견에 따른 왜곡을 배제할 수 있음

② 관찰은 비언어적 상황에 대한 자료수집을 가능하게 함
  - 말로 표현될 수 없는 행동 혹은 말을 할 수 없는 피관찰자에 대한 자료수집을 할 수 있음. 언어 구사가 어려운 어린아이나 장애인을 위한 자료수집에 관찰 방법은 당연한 선택이 될 수 있음
  - 언어구사능력이 있는 일반인이라 하더라도 특정 행동의 자료수집(갱집단 연구, 윤락행위 연구)에 유용한 방법임

③ 관찰은 자연스러운 환경에서 자료수집이 가능함. 서베이는 질문에 따라 응답자가 해석하게 되는 과정에서 부자연스러운 왜곡 현상이 나타날 수 있음
  - 서베이방법에서 나타나는 인위적 상황 설정에 따른 해석 차이의 문제는 모두 자

연스럽지 않은 자료수집환경에서 나타나는 것임

④ 관찰은 상황에 따른 폭넓은 범위의 자료를 도출하기 쉬워 질적 연구나 탐색적 연구에 유리함. 질적 연구에서는 자료수집의 대상과 방법을 미리 엄격하게 제한하지 않은 비구조화된 관찰방법을 주로 사용함. 이는 질적 연구의 귀납적인 논리 전개에 유용하기 때문임

⑤ 관찰은 종단분석에 필요한 자료산출에 유리함
  - 시간의 경과에 따른 변화를 염두에 두고 자료를 분석하는 종단분석은 자료수집이 시간 변화를 측정할 수 있어야 함. 관찰의 과정은 종단자료의 산출을 자연스럽게 할 수 있음
  - 서베이방법에서는 특별히 디자인되지 않는 한 횡단분석을 위한 자료수집을 함

(2) 관찰의 단점 ★★

① 관찰은 실제로 관찰을 수행하기 어려운 예가 많음
  예) 부부의 의사소통 횟수에 대한 자료 수집
② 관찰은 주로 사람의 외면적인 행동을 보기 때문에 내면의 의식 상태를 파악하는 데는 한계가 있음
  - 관찰은 사람의 내면 의식이나 태도 등에 관한 자료를 수집하는 데 어려움이 있음
③ 관찰 당시의 특수성 때문에 피관찰자가 그때에만 특수한 행위를 하였는데, 이를 식별하지 못하고 일상적으로 그러한 행위를 하는 것으로 기록하는 오류를 범할 수 있음
  예) 감사 때 열심히 일하는 어떤 직원의 행동을 보고, 그 직원의 근무태도가 좋다고 판단하는 것 등
④ 관찰은 자료수집과정에 관찰자의 주관적인 판단이 개입될 수 있음. 관찰은 관찰자의 눈과 의식에 의해 자료를 도출하므로 관찰자의 편향성이 우려됨
  예) 운동 경기에서 여러 명의 심사자가 모두 같은 점수를 주지 않음
⑤ 관찰은 표본집단의 크기에 한계가 있음
  - 관찰자가 자료수집의 직접적인 도구가 되므로, 관찰대상집단이 되는 표본크기를 확대하는 데 한계가 있음

- 관찰자 다수를 두어 표본을 확대할 수도 있지만, 그럴 때 발생하는 비용과 다양한 주관적 자료를 정리하는 데 어려움이 있음
⑥ 관찰은 자료수집과정에서 통제가 어려움
- 비교적 자연스러운 환경에서 자료를 도출하는 것이 장점이기도 하지만, 한편으로는 자료의 일관성이나 엄격성이 떨어질 수 있음. 이러한 자연스러운 환경은 자료수집과정에서의 통제를 어렵게 하기 때문임
⑦ 관찰은 관찰자와 피관찰자 간의 신분 노출 때문에 익명성이 보장되기 때문에 익명성이 보장되기 어려운 때가 많음. 따라서 미묘한 이슈(issue)를 다루는 자료수집에서는 익명성이 보장되는 우편설문이 더욱 진솔한 자료를 도출할 수도 있음
⑧ 관찰은 수량화가 어려워 조사결과의 분석과 해석이 어려움
- 관찰된 사실을 수량화된 자료 형태로 바꾸기가 쉽지 않아 통계처리가 어려움
- 다양한 자료가 많아서 이를 체계적으로 분류하여 이론이나 가설을 검증하는 데 활용하는 데에는 한계가 있음
⑨ 관찰은 연구대상자로부터 허락을 얻기가 어려움

3) 과학적 관찰방법의 구성

과학적 관찰은 체계적이고 의도적인 자료수집을 목적으로 하므로 무엇보다도 관찰자의 감각과 주관을 적절히 제어할 수 있는 장치가 필요함. 이를 위해 과학적 관찰방법에서는 다음 요소를 고려함

(1) 관찰의 대상 행동

비언어적 행동, 공간적 행동, 언어 외적 행동, 그리고 언어적 행동 등과 같은 특징 변수는 관찰 가능한 행동지표를 통해서만 자료수집이 가능함
① 비언어적 행동
② 공간적 행동: 개인이 자신을 둘러싼 공간을 구조하는 시도와 관련된 행동임
  예) 사람들이 이리저리 움직이는 것, 어떤 사람에게는 가까이 가거나 떨어지려 하는 것 등이 공간 행동에 속함
③ 언어 외적 행동: 단어나 언어적 내용 등은 단지 의사 표현에서 작은 부분만을 차지함

– 내용이 아닌 다양한 언어 외적 행동(말의 횟수, 크기, 말을 자르는 경향, 발음의 독특성 등)이 더 중요한 자료수집의 대상이 될 수 있음

④ 언어적 행동: 말의 내용과 구조적인 특성

(2) 타이밍과 기록

① 어떤 행동을 처음부터 끝까지 모든 시간 동안 계속 관찰하는 것은 거의 불가능함. 그래서 어떤 시점을 선별해서 관찰할 것인지에 관한 타이밍의 결정이 필요함

② 시간–샘플링 스케줄이 사용될 수 있음. 샘플링된 관찰 행동은 반드시 전체 시간 동안의 행동을 가장 적절히 대변하는 것이어야 함

(3) 환경과 구조화의 정도

① 연구 환경의 특성으로 보자면 가장 엄격하게 상황이 통제되는 실험실 연구에서부터 자연스러운 상황의 현장연구에까지 관찰방법의 자료수집이 가능함

② 실험 상황에서의 관찰은 피실험자의 실험에 대한 반응성과 그에 따른 편향을 고려하는 자료수집이 필요하고, 현장 상황의 관찰에서는 통제되지 않은 다양한 개념자료의 혼합에 대해 지속해서 유의할 필요가 있음

4) 관찰의 과정

(1) 목표의 설정

연구의 목적과 조사문제를 고려하여 무엇을 관찰할 것인지를 결정. 이 결정은 질적 연구의 특성상 다음 단계에서 이루어지는 결정과 수집자료의 분석수준에 따라 변할 수 있음

(2) 대상집단과 관찰 유형 결정

(3) 관찰대상집단으로부터 관찰 승인 획득

① 관찰의 대상이 결정되면 일차적으로 대상집단에게서 관찰을 수행해도 좋다는 일종의 승인을 획득해야 함

② 승인은 해당 집단 혹은 해당 집단을 대표하는 곳에서 받아야 함

(4) 라포의 형성

(5) 관찰 및 필드 노트 작성
① 필드 노트(field note)의 작성을 위해서는 요점에 대한 수기(手記)방법이나 녹음기 등의 기계장치를 이용한 녹취(綠翠)방법을 씀
② 필드 노트에는 사실관계의 기술뿐만 아니라 관찰자의 감정과 느낌도 함께 기록함. 녹음기 등의 다양한 기록장치를 필드 노트의 보조 수단으로 사용하는 것이 효과적임

(6) 위기 상황에 대처
① 관찰의 과정 중에 피관찰자와 충돌하거나 외부 첩자로 인식 혹은 약점을 들추어내려는 사람 등으로 오인 받아 위기가 발생할 수 있음. 이 때 힘이나 권위의 사용은 이후의 관찰과정을 왜곡시킬 수 있으므로 유의해야 함
② 사전에 관찰집단의 여론주도층이나 의사결정권한을 가진 사람과 협조체제를 구축해 놓는 것이 유리함

(7) 종료
관찰을 끝내고 나오는 것. 연구자로서의 목적이 달성되었다 해서 그냥 돌아서서 나오는 것은 윤리적이지 못함. 따라서 종료를 선언하는 의도적인 어떤 의식이 있어야 함

(8) 자료의 분석
관찰에 의해 수집된 자료는 이론 형성의 초기 단계에 적합한 자료 분석으로서의 가치를 가짐. 구조화된 관찰은 유형화의 다음 단계인 양적 자료 산출도 가능함

(9) 보고서 작성
① 보고서 작성 시에 피관찰자의 신분과 행동에 대해 어느 정도로 비밀유지를 해야 하는지가 중요한 문제로 드러남

② 연구자에게는 보고서 작성에 균형 감각을 유지하려는 노력이 요구됨

5) 관찰의 종류

관찰은 관찰자의 참여 정도에 따라 참여관찰, 비참여관찰, 준참여관찰로 나누며, 그 절차의 조직성에 따라 조직적 관찰, 비조직적 관찰로 나눔

(1) 참여관찰

① 참여관찰의 의의
- 참여관찰은 문화인류학 등에서 많이 사용하는 방법으로, 관찰자가 관찰대상자의 사회적 과정에 온전히 참여하는 것
- 특정 사회의 개인이나 집단의 가치를 이해하는 데 주로 참여관찰방법을 많이 씀. 같은 참여 관찰이라 해도 연구자의 신분을 밝혔을 때와 감추었을 때 수집되는 자료의 성격은 다름

② 참여관찰의 장점 ★★
- 어떤 특수한 행위의 동기나 사람들 간의 미묘한 감정관계 등 외부로 나타나지 않는 사실까지 직접 경험, 관찰할 수 있음
- 관찰대상의 자연성과 유기적 전체성을 보장할 수 있음. 즉, 관찰대상을 자연적인 상태에서 파악할 수 있음

③ 참여관찰의 단점 ★★
- 관찰대상의 구성원으로 가장하고 행동을 하는 것이 어려움. 예를 들면, 갱조직이나 윤락여성집단은 그 구성원으로 침투하기가 어려울 뿐만 아니라 구성원으로 행동하는 데 어려움이 있음
- 피관찰자들과의 접촉으로 관찰자 자신도 모르는 사이에 감정적 작용을 받아 관찰에 객관성을 잃어버리기 쉬움. 또한 집단생활에 익숙해짐에 따라 외부 사람이 보면 쉽게 알 수 있는 집단의 생태나 특성을 간과할 수 있음
- 관찰자가 일단 관찰대상집단에 들어갔다 하더라도 그 집단에서 어떤 업무를 수행하면서 관찰해야 하므로 관찰활동에 제약이 따름. 따라서 역할이 너무 과중하면 충실한 관찰을 하기 어려움

(2) 비참여관찰

① 비참여관찰의 의의

- 비참여관찰은 관찰자가 연구대상이 되는 사회적 현상의 과정에 참여하지 않은 상태에서 관찰하고 자료를 수집하는 방법
- 비참여를 위해서는 일방 거울(one-way mirror)을 사용하거나, CCTV를 통해 현장에서 격리된 상태로 관찰하는 방법 등도 있음
- 비록 현장에 노출되어 있기는 하지만, 그 사회적 과정에 참여하지 않고 일종의 '구경꾼'의 입장이 되는 것도 비참여관찰에 해당됨. 예)'인간극장'과 같은 다큐멘터리 촬영이 이런 관찰유형에 해당됨

② 비참여관찰의 장단점: 비참여관찰의 장점은 참여관찰의 단점이고, 비참여관찰의 단점은 참여관찰의 장점이 됨

(3) 준참여관찰

① 준참여관찰의 의의

- 참여관찰처럼 관찰대상의 생활 전부에 참여하는 것이 아니고, 생활 일부에만 참여하는 관찰방법. 이 방법에서는 주로 피관찰자가 관찰을 받고 있다는 사실을 알고 있음

② 준참여관찰의 장단점: 준참여관찰의 장단점은 참여관찰과 비참여관찰의 장단점 사이에 있음

(4) 조직적 관찰

① 조직적 관찰의 의의

- 관찰의 대상, 내용(측정도구), 절차 등을 사전에 정하여 관찰하는 방법으로, 체계적 혹은 구조화 관찰이라고도 함
- 관찰내용을 표준화하고 관찰표 등의 보조기구를 사용하여 관찰하는 것으로, 주로 가설 검증을 목적으로 하는 조사에 많이 활용됨. 조직적 관찰에서는 비참여관찰이 많이 활용됨
  예) 집단활동에서 아동의 긍정적 · 부정적 상호작용, 그러한 행동을 일으키는 원

인적 요인 등을 관찰하여 상호작용에 영향을 미치는 원인을 분석할 수 있음
② 조직적 관찰의 장점
- 관찰을 체계적으로 할 수 있음
- 자료처리를 표준화할 수 있음
③ 조직적 관찰의 단점: 연구에 중요한 결과를 제공해 줄 수 있는 요소를 놓칠 수 있음

(5) 비조직적 관찰

① 비조직적 관찰의 의의
- 관찰의 대상, 내용(측정도구), 절차 등을 규정하지 않고 어떤 현상을 관찰하는 방법으로, 비체계적 혹은 비구조화 관찰이라고도 함
- 비조직적 관찰은 인류학자들에 의해 많이 활용됨
- 문제 형성이나 가설 구성을 위한 자료수집을 목적으로 하는 탐색적 조사에 많이 사용되기도 함. 비조직적 관찰에서는 참여관찰이 많이 활용됨
  예) 인간의 감수성이나 편견, 선택적 지각 등에 항상 주의를 기울임으로써 객관적 연구태도를 유지할 수 있고, 이 방법의 단점을 극복할 수 있음
② 비조직적 관찰의 장단점: 비조직적 관찰의 장점은 조직적 관찰의 단점이고, 비조직적 관찰의 단점은 조직적 관찰의 장점이 됨

01) 다음에서 비구조화된 면접의 장점은?   (4회 기출)

> ⊙ 질문문항, 면접기록, 내용상의 차이를 줄일 수 있다.
>
> ⓒ 융통성이 있다.
>
> ⓒ 면접결과를 신회하기 좋다.
>
> ⓔ 면접과정에서 생기는 변수를 알아낼 수 있다.

① ⊙, ⓒ, ⓒ   ② ⊙, ⓒ   ③ ⓒ, ⓔ   ④ ⓔ   ⑤ ⊙, ⓒ, ⓒ, ⓔ

☞ 해설

비구조화된 면접은 연구될 문제의 범위만 결정되어 있음. 구체적인 내용은 조사자가 면접상황에 따라 융통성 있게 조절할 수 있음. 좀 더 정확한 응답을 얻을 수 있으며, 뜻하지 않은 새로운 사실이나 아이디어가 별견될 가능성도 있음. ⊙, ⓒ은 표준화된 면접의 장점에 해당함.   정답 ③

02) 자료수집 방법으로서 관찰에 관한 설명으로 옳은 것은?   (9회 기출)

① 관찰 신뢰도는 관찰자의 역량과 관련이 없다.

② 관찰 가능한 지표는 언어적 행위에만 국한된다.

③ 관찰은 면접조사보다 조사환경의 인위성이 크다.

④ 관찰은 자연적 환경에서 외생변수의 통제가 용이하다.

⑤ 관찰은 응답과정에서 발생할 수 있는 오류를 줄일 수 있다.

☞ 해설

관찰은 조사자가 연구대상이나 행위의 진실된 모습을 포착할 수 있으므로 응답과정에서 발생할 수 있는 오류를 줄일 수 있음.

정답 ⑤

제18장
|
자료수집 방법(3)
내용분석

1. 내용분석법

1) 내용분석의 개념

(1) 내용분석

내용분석(content analysis)은 문헌연구방법의 대표적인 방법 중의 하나임

① 내용분석(content analysis)은 의사전달의 내용이나 기록물의 특성을 객관적·
체계적으로 확인하여 진의를 추론하는 연구방법을 말함. 즉, 인간이 남기는 모
든 형태의 이용 가능한 자료를 객관적·체계적·양적으로 분석하고 연구하는
방법임

② 내용분석은 조사대상에게 직접적인 접근이 어려운 경우, 조사대상이 방대할 경우,
실증연구의 보충자료가 필요한 경우에 활용되며 연구주제의 범위 안에서 수집된
자료의 내용을 분류, 추론, 기술하는 것이라고 할 수 있음

③ 내용분석을 통한 연구방법은 1920년대 미국에서 초기에 신문기사를 분야별로 분
류하면서 시작되어 커뮤니케이션 분야에서 활용되었으나, 현재에는 인문학뿐만
아니라 사회과학 분야에서 광범위하게 활용되고 있음

(2) 내용분석에 대한 정의

내용분석에 대한 정의는 활용되는 분야 또는 학자에 따라 조금씩 다름

① "주어진 메시지 또는 문헌에 나타난 준거, 태도, 주체 등을 알아내는 절차"(스톤, Stone)

② "코딩이라는 말과 동의어로서 인간의 어떠한 기호적 행동을 객관적, 수량적으로 기술하는 것"(카트라이트, Cartwright)

③ "의사전달의 명백한 내용을 객관적, 체계적, 내용적으로 기술하는 것"(버넬슨, Berelson)

④ "믿을 만하고 확실한 추론을 할 수 있게 하는 연구기술"(크리펜도르프, Krippendorft)

⑤ "인간의 의사소통의 수단인 기호, 문자, 메시지 등의 요소들을 체계적으로 분류 및 수량화할 뿐만 아니라, 원인과 결과를 체계적으로 추론하고 기술하는 것"(박창제 외)

2) 내용분석의 목적

(1) 내용분석의 수단적 목적과 내용적 목적

① 수단적 목적: 일정한 연구문제 · 연구가설을 경험적으로 검증하기 위한 것으로 구어적, 비계량적 자료를 계량적 자료로 변환시키는 것

② 내용적 목적: 내용분석을 통하여 파악하고자 하는 내용이 누가, 무엇을, 누구에게, 어떻게, 그 효과는 무엇인가라고 할 때, 내용의 특성, 원인 · 동기, 효과 · 결과를 의미

(2) 내용분석의 구체적인 내용적 목적

① 의사전달의 특성파악 목적

　- 둘 이상의 자료가 포함하고 있는 특성 · 내용의 비교

　- 동일한 출처이지만 환경이 다른 상황에서의 차이점 비교

　- 유사한 내용에 대한 시계열상 자료 간의 특성 비교

　- 두 가지 이상의 변수들의 관계 분석

② 의사전달자의 원인, 의도, 선행조건 등의 추리를 목적으로 함

③ 의사전달 내용의 효과에 대한 추리의 목적
 – 문헌을 통하여 전달하고자 하는 내용으로 "피전달자에게 얼마나 영향을 주었는 가?"를 파악하기 위한 목적임

3) 내용분석의 특징 ★★

① 내용분석은 질적 내용을 양적 자료로 전환하는 방법이며, 기록뿐만 아니라 어떤 형태의 의사전달에도 적용될 수 있음. 그것은 특정 전달 내용을 코드화하고 표로 만듦
 – 한 개인을 대상으로 할 때 낙서, 일기, 편지, 자서전 등과 같은 자료를 분석하여 그 개인의 정의적 특성을 파악할 수 있음
② 내용분석은 관찰에 의한 측정과 비슷함. 관찰이 인간의 행동을 직접 관찰하지만, 내용분석법은 인간이 이미 만들어 놓았거나 남겨 놓은 자료를 관찰한다는 점에서 다름
③ 어떤 주제는 내용분석 방법으로 연구하는 것이 다른 연구방법으로 연구하는 것보 다 적합할 수 있음
 예) 텔레비전에서 정신질환자를 어떻게 묘사하는지 알아보고자 하는 것 등
④ 내용분석은 사회복지실천에 직접 적용될 소지도 많음
 – 피셔(Fisher, 1978)는 '실천가–클라이언트 관계' 는 개별사회사업실천의 근본원 리이고, 효과적인 원조관계의 세 가지 주요 조건은 실천가의 ① 감정이입, ② 온 정, ③ 진실성이라고 하였음. 이와 같은 세 가지 조건이 중요하다고 하는 사실은 한 내용분석 연구에서 처음으로 밝혀졌음. 이 연구에서는 치료과정을 기록하고 녹음한 발췌문을 주요 조건이 관찰되는 정도에 따라 평가하였고, 그 결과 그 세 가지 조건이 충족될수록 임상적 과정과 결과가 더 좋아지는 경향이 있었음
⑤ 내용분석법은 인간의 상징적 기호로 표현된 의사전달 기록물의 내용적 특징을 체 계적으로 기술하고, 나아가 그 동기, 원인, 결과나 영향을 체계적으로 추리해 나가 는 기법이라고 정리할 수 있음
⑥ 내용분석은 의사전달의 연구에 알맞으며, 의사전달 연구에서 누가, 무엇을, 누구 에게, 왜, 어떻게, 어떤 영향을 가지고 말하는가 하는 고전적 질문에 적절하게 대

답할 수 있음

- 내용분석은 '무엇'을 중요하게 다루어야 하며, 그렇게 수집된 자료를 '왜', '어떤 영향을 가지고'라는 문제를 제기하게 됨

⑦ 내용분석법의 정의가 담고 있는 구체적 내용

- 의사소통의 기록물 등 커뮤니케이션(communication)의 내용을 분석대상으로 함
- 분석의 속성 혹은 측면은 분명하게 명시된 내용과 문맥 속에 숨어 있는 내포된 내용을 포함함
- 객관적 · 체계적 · 양적인 분석방법을 사용함

4) 내용분석의 장단점

(1) 내용분석의 장점 ★★

① 경제성

- 내용분석은 다른 접근법과 비교할 때 시간과 비용을 줄일 수 있음
- 내용분석은 혼자서 할 수 있음. 즉, 대규모의 연구조사원이나 특별한 도구가 필요하지 않으며, 내용분석에서는 연구자가 코딩할 자료에 접근할 수 있으면 됨

② 장기간에 걸쳐서 발생하는 과정을 연구할 수 있음

예) 1970년대에서 2010년대까지 우리나라 사회복지정책에서 결혼이나 이혼에 대한 관점이 어떻게 변화해 왔는지를 연구해 볼 수 있음

③ 안정성

- 내용분석은 연구가 잘못되었을 때 조사연구의 일부나 전부를 다시 시작하는 것이 일반적으로 다른 연구방법보다 쉬움

④ 비개입적인 연구방법이라 연구대상에 영향을 미치지 않음

- 내용분석은 의사전달 내용이나 문헌기록에 대한 분석이 공간적 혹은 시간적으로 완전히 분리되어 행해지기 때문에 분석대상에 아무런 영향을 미치지 않음

⑤ 양적 접근법으로 연구한 내용의 구체성을 통해 신뢰도를 높임

- 연구자는 원하면 언제든지 재코딩을 통해 코딩의 일관성을 확보할 수 있음. 이러한 점은 현장조사연구가 사후에 관찰과 범주에서 신뢰도를 높일 수 있는 어떠한 것도 할 수 없다는 데서 분명해짐

(2) 내용분석의 단점 ★★

① 기록된 의사전달만을 연구할 수 있음

- 의사전달의 양식은 말이나 글, 그림 등 다양할 수 있음. 그런데 내용분석이 가능하기 위해서는 그러한 의사전달이 어떤 양식으로든 기록되어 있어야 함. 기록되어 있지 않으면 분석할 수 없음

② 타당도를 확보하는 데 어려움이 있을 수도 있음

- 문헌기록의 내용이 현실을 있는 그대로 반영하지 않았을 때 내용분석의 타당도가 떨어질 수 있음

③ 의사전달의 과정 자체를 분석하는 것이 아닐 때에도 타당도의 문제가 제기될 수 있음

예) 장기간에 걸쳐 관련 분야의 소식지에 실린 사회복지사 채용광고를 분석하니 최근에 '개별사회사업'이라는 용어 사용이 줄어들었음

5) 내용분석의 절차 ★★★

내용분석법은 자료수집 단계에서 자료를 수집하는 한 방법이지만, 인문·사회과학 분야의 한 연구방법이기도 함

내용분석의 절차는 문제 형성, 모집단 선정, 표본주출, 내용의 범주화, 분석단위 선정, 타당도와 신뢰도의 점검, 자료의 분석의 순서임

(1) 문제 형성

① 내용분석의 연구문제는 다양하게 사용될 수 있음

예) 인기가요, 잡지 커버스토리의 경향성, 신문 사설의 사상적 경향, 교재나 영화에서 성역할에 대한 고정관념, 성가에서 종교적 상징 등이 연구될 수 있음

② 연구문제의 설정은 실천 현장에서의 경험, 개인적인 경험, 동료들과의 대화, 특정한 연구지원기관에의 연구제한서 작성, 일반적인 독서 등에서 출발하며, 내용분석에서도 문제형성과정이 거의 같음

(2) 모집단 선정

연구문제를 규정했으면 연구자는 분석대상으로 삼고자 하는 자료를 수집하고 분석해야 하는데, 모집단은 연구자가 분석대상으로 하는 모든 자료를 뜻함

- 모집단을 결정하는 데 있어서 모집단이 너무 모호하거나 광범위해서 어려움이 있을 수 있는데, 이때는 일정한 선정기준을 마련하여야 함

(3) 표본추출

① 표본추출은 먼저 표본추출단위와 사례수를 결정하고 그 다음 확률적 표집방법에 의해 추출하게 됨. 표본추출단위는 단어, 몇몇 단어로 구성된 구(phrase), 문장, 문단, 절, 장, 책 전체, 작가 등이 될 수 있고, 어떤 수준에서도 표집을 할 수 있음

② 의사소통의 다른 형태는 그들에게 적절한 개념적 수준에서 표집될 수 있음. 모집단이 시간적으로 연속된 정기적 기록물일 때 시간단위별 표집도 필요함

(4) 내용의 범주화

① 표본추출이 구체적으로 선정되면 분석내용을 특정 범주에 따라 분류함

- 많은 경우 자료의 질(質)은 내용분석의 질을 크게 좌우함
- 일반적으로 내용의 범주를 구성하기 위해서는 다음의 네 가지 원칙, 즉 상호배타성, 포괄성, 타당성, 신뢰성이 이용됨

② 내용분석에서 분류작업은 크게 명시적 분류와 잠재적 분류의 두 가지 방법으로 나눌 수 있음. 명시적 분류는 신뢰도와 관련을 가지며, 잠재적 분류는 타당도와 관련을 가짐

(5) 분석단위 선정 ★★

① 분석단위는 내용범주에 집어넣어 집계할 수 있는 의사소통 단위를 말하는데, 실제로 분석작업을 하는 데 있어서의 부호화의 단위가 됨

② 분석단위는 단어, 주제, 인물, 문단, 품목, 공간 혹은 시간으로 나눌 수 있음

- 단어: 분석단위 중 최하단위이고, 최소단위임. 이 단위는 주로 선택한 용어의 카테고리가 얼마나 나타났는가를 제시하는 상대적 빈도를 표시하는 데 적용됨. 단

어는 다른 것과 분명히 구분되고 확인하기 쉽기 때문에 분석이 쉬운 장점이 있지만, 표본추출이 방대하면 양이 많아 다루기 어렵고 단어만으로는 맥락에 따른 의미를 알기 힘들게 되는 단점이 있음

- 주제: 단어 다음으로 큰 단위가 주제임. 명제 중에서 가장 간단한 것은 단문, 즉 주어와 술어로 되어 있음. 주제는 유용한 분석단위이지만, 분석하기 힘든 단위임. 주제는 간단한 문장으로 표시되는 수도 있으나, 때로는 여러 개의 문장, 문단 또는 본문 전체에 확산되어 표명되어 있는 경우가 있고, 한 문단 혹은 한 본문 속에 둘 이상의 주제가 내포되어 있을 수도 있음
- 인물: 인물은 의사소통에서 등장하는 개인 혹은 집단을 의미함. 인물은 단어와 같이 구별하여 유용하게 사용될 수 있음. 인물은 소설, 희곡, TV극 등에서의 분석단위로 많이 사용될 수 있음
- 문단: 문단은 형태적으로 구분하기 쉬우나, 한 문단속에 다양하고 복잡한 내용이 담겨 있을 수 있어 이를 구분하여 부호화하기 힘들기 때문에 잘 이용되지 않음
- 품목: 품목은 어떤 의사소통 전체의 단위임 예를 들면, 책 한권, 수필 한 편, 하나의 TV 프로그램, 논문 한 편, 한 연설의 전문 등임. 품목을 분석단위로 사용하려면 품목 내 내용의 변화 정도가 약하고 큰 의미가 없어야 함
- 공간 혹은 시간: 인쇄물의 지면이나 방송의 시간도 분석단위가 됨
  예) 신문 사회면 혹은 정치면, 소설의 페이지, 방송시간의 저녁 8:00(혹은 8:00 ~9:00) 등이 분석단위가 될 수 있음

(6) 타당도와 신뢰도의 점검

① 내용분석의 신뢰도와 타당도에 관한 문제는 연구주제 및 문제에 맞게 내용을 표본 추출 하느냐에 달려 있음
② 타당성 있는 내용을 충분히 확보한 후에 내용의 정확성에 의하여 신뢰도가 결정됨. 내용분석에서 신뢰도와 타당도 점검은 일반적인 여타 연구에서의 점검과 유사함

(7) 자료의 분석

① 자료의 분석을 위해 분석단위가 출현하는 횟수나 강도를 계산하는 것을 집계라 하

며, 이는 분석단위의 특성에 따라 출현 유무, 빈도, 시간 및 공간, 강도체계 등으로 구분할 수 있음

② 하나의 형태 혹은 다른 형태로 계량화되는 과정을 자료분석과정이라고 함. 수량화는 네 가지 수량체계, 즉 시간-공간체계, 출현체계, 빈도체계, 강도체계 중 하나를 사용하여 이루어짐

01) 내용분석에 대한 설명으로 옳은 것은?　　　　　　　　**(6회 기출)**

> ㉠ 질적 내용을 양적 자료로 전환
>
> ㉡ 해석학에 기반
>
> ㉢ 객관적, 체계적인 분석방법
>
> ㉣ 맥락에 대한 이해

① ㉠, ㉡, ㉢　　　　　　　　② ㉠, ㉢

③ ㉡, ㉣　　　　　　　　　　④ ㉣

⑤ ㉠, ㉡, ㉢, ㉣

☞ 해설

내용분석은 비반응적 자료수집 방법을 활용함. ㉡, ㉣은 질적연구의 특징임.

정답 ②

02) 내용분석에 관한 설명으로 옳은 것은?　　　　　　　　**(13회 기출)**

① 내용분석의 결과를 양적분석에 사용할 수 있다.

② 주제를 기록단위로 할 때가 단어를 기록단위로 할 때보다 자료수집 양이 많다.

③ 하나의 단락 안에 두 개 이상의 주제가 들어 있는 경우 단락을 기록단위로 한다.

④ 기록단위가 맥락단위보다 상위 단위이다.

⑤ 자료 유형화를 위한 범주가 설정되면 기록단위는 필요치 않다.

☞ 해설

내용분석은 질적인 자료를 양적으로 계량화(수량화)하여 분석하는 것임.

정답 ①

제19장
|
욕구조사(1)

1. 욕구조사의 개념 및 유형

1) 욕구의 개념
(1) 욕구란 '무엇을 필요로 하는가'에 관한 것 ★★

(2) 사회복지적 관점에서의 욕구
① 인간의 존엄을 유지하는 데 '필요하지만 충족되지 못하고 있는 어떤 것'
② 사회복지에서의 욕구는 분배적 개념으로 해석할 수 있음
  - 한정된 사회적 자원이 사회구성원에게 분배될 때, 인간 욕구가 하나의 근거기준이 될 수 있음. 그러나 어떤 개인이나 집단이 특정 상태에서 결핍이나 박탈을 느낀다고 해서 사회는 그것만을 기준으로 욕구라고 인정하지 않음
  - 정치 · 경제학적 관점에서 보는 것처럼 사회복지의 욕구는 '개인이나 집단이 갖는 결핍이나 박탈이 사회의 정치 · 경제적 역학관계를 통해서 사회적으로 인정되고 배분이 허용되는 상태'를 뜻한다고 할 수 있음

(3) 욕구 사정을 위한 차원

① 욕구를 분배의 개념으로 해석한다면 욕구 사정을 위해서는 두 가지 차원에 대한 이해가 필요함

② '누가, 무엇을' 필요로 하는지를 결정하는 데 있어서 '누가' 필요로 하는가에 관한 주체의 차원과 '무엇을' 필요로 하는가에 관한 객체적인 차원으로 나누어 볼 수 있음
  - 욕구의 주체: 빈민, 장애인, 아동, 노인, 여성 등과 같은 자연 발생적 혹은 인위적 의존 인구나 소외와 결핍을 경험하는 특정한 개인, 집단, 조직, 지역 등
  - 욕구의 객체: 의식주, 취업, 의료, 재활, 보육, 케어, 상담, 교육 등과 같이 욕구의 주체에게 필요하다고 인정되는 물질이나 서비스 등

(4) 욕구 사정의 과정에는 주체와 객체의 상호기대가 동시에 포함됨

① 주체의 보호자나 옹호집단처럼 주체와 객체의 중간에서 욕구의 규정에 영향을 미치는 집단도 있음

② 사회복지서비스의 대상자는 대개 정치·경제적 파워가 약하거나 도덕적으로 낮은 평가를 받기 때문에 옹호집단이 욕구의 규정에 참여하는 경우가 많음

(5) 욕구의 규정에는 다양한 객체 관련자의 관점도 포함됨

(6) 사회적으로 유용한 자원은 한정되어 있음

① 욕구의 규정은 어떤 주체에게 어떤 객체가 제공되어야 할 것인지를 결정하는 것

② 욕구를 규정하는 과정에는 주체와 객체, 옹호집단 등의 다양한 이해가 관련되어 있으며, 이들 간의 상호작용을 거쳐서 욕구가 규정됨. 그러므로 욕구 규정이 사회적 과정임을 인식하고, 그에 적합한 욕구 사정의 방법을 확보하고 활용하는 것이 중요함

2) 욕구조사의 개념 ★★

① 욕구조사는 특정 지역사회주민이나 특정 집단을 위한 새로운 정책대안이나 프로

그램을 개발하기 위해 또는 기존의 정책대안이나 프로그램을 보완하기 위해 대상 집단의 욕구와 종류와 수준을 파악하는 조사라고 할 수 있음

- 사회복지프로그램이 실행되기 전에는 욕구조사가 반드시 시행되어야 하며, 이를 통해 새로운 프로그램의 실행에 대한 정당성을 확보해야 함
- 욕구조사를 통하여 프로그램이 실제 필요한지에 대해 정확한 정보를 제공할 뿐만 아니라 프로그램이 시행된 이후에도 그 진행과정에 대한 적절한 지침을 제공함
- 욕구조사는 '자원 배분과 프로그램의 기회 및 프로그램 개발을 위한 의사결정 도구(decision-aiding tool)'로 활용됨

② 욕구조사는 프로그램 평가조사와 같이 응용조사의 성격을 띰. 그리고 지역사회의 기존 서비스와 자원에 대한 확인과 이에 대한 목록 작성을 통해 의사결정자가 무엇이 더 필요하고 또 부족한 자원을 어떻게 적절하게 배정할 것인가를 결정하는데 도움을 줌

③ 사회복지 분야에서 쓸 수 있는 자원은 한정되어 있기 때문에 욕구조사는 제한된 자원을 누구에게 어떻게 배분할 것인가에 관한 관심을 기울일 수밖에 없음. 따라서 사회복지서비스를 계획하고 할 때는 어디서, 누가, 어떤 서비스를 필요로 하는지를 정확히 측정하기 위해 필요한 정보를 수집하는 방법이 곧 욕구조사임

2. 욕구조사의 목적, 필요성 및 유형

1) 욕구조사의 목적 ★★
(1) 욕구조사는 다음과 같은 목적을 달성하기 위해서 시행됨
① 자원배분의 우선순위 결정에 그 근거를 제공. 즉, 주민들이 필요로 하는 각종 서비스 또는 프로그램을 식별해 우선순위를 정함
② 프로그램 운영에 필요한 예산 할당 기준을 마련
③ 현재 수행 중인 프로그램 평가에 필요한 보조자료를 마련
④ 프로그램을 수행하는 지역사회 내에 기관들 간의 상호의존 및 협동사항을 파악

⑤ 욕구조사를 통해 기관의 정체성을 확인

⑥ 욕구조사를 통해 기관의 활동과 프로그램을 대상집단이나 지역사회에 홍보

(2) 프로그램 대상의 욕구에 대한 정보를 수집할 때의 이점

① 욕구조사는 프로그램 대상이 실제로 필요한 서비스나 프로그램을 개발하는데 도움이 됨

② 욕구조사는 사회복지조직 운영의 효율성과 책임성을 더 높이는 데 기여함

③ 욕구조사는 사회복지조직이 정당성을 확보하고 예산 지원을 받을 수 있는 근거를 제공해 줄 수 있음

2) 욕구조사의 필요성

(1) 개념 ★★

현대사회에서 사회복지 수요는 점차 증가하고 있으며 이를 감당할 자원은 한정되어 있음. 이로 인하여 사회복지기관의 책임성이 강조되고 있음. 그러므로 확정된 자원을 효과적으로 사용하기 위하여 욕구조사의 필요성이 널리 인식되고 있음

(2) 욕구조사로 얻을 수 있는 이점

① 욕구조사는 클라이언트의 욕구에 맞는 프로그램을 개발하는 데 도움을 줌으로써 사회복지기관이 설립 목적에 부합되는 일을 할 수 있도록 해줌

   예) 사회복지기관은 서비스를 받고자 하는 집단 또는 지역주민들의 욕구를 정확히 파악해야 하며, 이는 조직체가 그 본래의 기능을 성실히 수행하기 위해 필요한 일이라 할 수 있음. 욕구조사는 이러한 욕구를 정확하게 파악하는 것을 목적으로 함

② 욕구조사는 사회복지기관의 효율적·전문적 운영에 도움을 줌

   - 욕구조사는 욕구들의 상대적 중요성을 파악할 수 있도록 해줌으로써 각 프로그램 운영에 필요한 조직구성과 인원, 예산 배정에 도움을 주며, 기존 프로그램의 문제점과 이에 대한 보완책을 제시해줌으로써 기관의 효율적·전문적 운영에 필요한 자료를 제공해 줌

③ 욕구조사는 서비스 또는 프로그램을 지역주민의 욕구 변화에 따라 탄력성 있게 변화시킬 수 있도록 도움을 줌

④ 욕구조사는 복지 서비스를 제공하는 지역사회 내의 타 기관들과의 협력사항을 파악하는 데 도움을 줌

   - 욕구조사를 통해 기존의 기관들이 미처 파악하지 못했던 사항을 발견할 수가 있음. 또한 한 기관이 욕구조사를 통해 얻은 자료를 타 기관과 공유함으로써 지역 전체의 서비스 향상을 위해 활용할 수도 있음

⑤ 욕구조사는 지역사회 주민들에게 문제를 부각시키고, 프로그램의 필요성을 인식시킴으로써 지역주민의 지원을 얻을 수 있고, 나아가 입법 추진에도 필요한 자료를 제공해 줌

⑥ 욕구조사는 사회복지기관들이 사회로부터 그 존속의 정당성을 인정받고 지원을 받을 수 있도록 도움을 제공할 수 있음

   - 사회복지기관들이 사회로부터 그 정당성을 인정받고 지원을 받기 위해서는 클라이언트, 주민, 지역단체, 그리고 정부로부터 인정을 받을 수 있도록 적절한 서비스를 효과적·전문적으로 제공하여야 함. 이러한 계획, 조직, 운영을 뒷받침해 주는 자료를 욕구조사를 통해 얻을 수 있음

3) 브래드쇼의 욕구 유형

브래드 쇼(Bradshow, 1972: 640~643)는 욕구 판정을 위해 사용할 수 있는 인식기준에 따라 욕구를 규범적 욕구(normative needs), 인지적 욕구(felt needs), 표현된 욕구(expressed needs), 비교된 욕구(comparative needs)의 네 가지로 분류하였음

(1) 규범적 욕구(normative need)

① 전문가의 판단에 의해 규정된 욕구. 관습이나 권위, 일반적 여론의 일치로 확립된 표준을 의미하며, 기존의 자료나 유사한 지역사회의 조사나 전문가들의 판단에 의해 제안된 욕구

② 전문가의 판단에 의존하기 때문에 클라이언트 집단의 욕구와 거리가 있을 수 있음

③ 장점: 욕구의 목표가 기존의 서비스 수준과 비교 가능한 비율로 표시되는 데 있으

며, 실제 비율이 특정 기준에 미치지 못하면 욕구가 존재한다고 보는 것임. 따라서 계량화가 쉽고, 구체적인 변화의 표적을 만들 수 있음

④ 단점: 욕구 단계가 지식, 기술, 가치 변화에 따라 변화하기 쉬움

(2) 인지적 욕구(felt need)

① 느낀 욕구, 감지된 욕구, 체감적 욕구. 사람들이 욕구로 생각하는 것, 선호(want)하는 것을 말함

② 장점: 당사자의 정확한 욕구 파악이 용이하며, 필요한 서비스 내용과 정도에 대한 정보를 확보할 수 있음

③ 단점: 사람의 개대에 따라 각각 기준이 불안정하고 수시로 변경될 수 있어서 실제 욕구보다 과대 추정될 수 있으며, 조사대상을 어떻게 선정하느냐에 따라 대표성에 문제가 있을 수 있음

(3) 표현된 욕구(expressed need)

① 표출된 욕구. 표현된 욕구는 인지적 욕구가 행동으로 표출되어서 실제 수요(demand)로 드러난 것을 말함

 − 인식기준은 표적집단의 표현 또는 행위이며, 이 기준에 의해 파악된 욕구를 표현적 욕구라고 함

② 집단 성원들이 내면적으로 느끼고 있는 정도에 의해 파악되는 데 반해 표현적 욕구는 집단 성원들의 의사가 실제 외부로 나타난 행위에 의해 파악됨. 따라서 개인이 서비스를 얻기 위해 실제로 노력했는가의 여부가 핵심적인 변수로 작용함. 사회복지에서는 가장 많이 이용되는 욕구 개념이기도 함

③ 단점: 욕구를 가진 사람 모두가 서비스에 대한 수요자로 표현하는 것은 아님. 따라서 표현되지 않은 잠재적 클라이언트가 무시되거나, 전달체계상 장애가 있는 클라이언트는 배제될 가능성이 있어 현상유지적인 경향을 보이는 단점이 있음

(4) 비교된 욕구(comparative need)

상대적 욕구. 특정한 기준에 의해 발생하는 것이 아니라 한 지역의 욕구와 유사한 다

른 지역에 존재하는 서비스와의 차이에서 측정되는 비교욕구

4) 매슬로우의 욕구 분류

(1) 개념

매슬로우(Maslow)는 인간의 욕구를 다섯 가지 범주로 나누고 범주들 간에 단계가 있는 것으로 보았음

– 매슬로우에 따르면 인간의 욕구는 어느 한 욕구를 충족하면 그 결핍에서 벗어나고 이러한 결핍의 욕구가 충족되어야만 인간은 성장을 추구하게 된다고 보았음

(2) 매슬로우의 매슬로우 욕구의 다섯 가지 범주 ★★★

① 매슬로우는 다섯 가지 욕구의 범주는 생리적 욕구, 안전의 욕구, 소속과 사랑의 욕구, 존경의 욕구, 자아실현의 욕구로 구분하였음

② 다섯 가지 범주는 크게 결핍의 욕구와 성장의 욕구로 구분하였음

    – 결핍의 욕구: 생리적 욕구, 안전의 욕구, 소속과 사랑의 욕구, 존경의 욕구

    – 성장의 욕구: 자아실현의 욕구

01) 브래드 쇼가 분류한 욕구의 종류와 그 예가 맞는 것은?　　　(7회 기출)

> ㉠ 느낀(인지적) 욕구 – 서비스에 대한 설문조사
> ㉡ 표출된 욕구 – 대기자 명단
> ㉢ 비교적 욕구 – 사회지표
> ㉣ 규범적 욕구 – 면접, 서베이 조사

① ㉠, ㉡, ㉢　　　　　② ㉠, ㉢　　　　　③ ㉡, ㉣
④ ㉣　　　　　　　　　⑤ ㉠, ㉡, ㉢, ㉣

☞ 해설
㉣ 면접, 서베이 조사는 인지적 욕구를 파악하기 위한 방법과 관련이 있음.

정답 ①

02) 욕구조사의 유형에 관한 설명으로 옳지 않은 것은?　　　(9회 기출)
① 지역주민 서베이는 수요자 중심의 욕구사정에 적합하다.
② 지역자원재고조사는 지역사회 서비스 자원에 대한 정보 획득이 용이하다.
③ 사회지표조사는 지역사회 주민 욕구의 장기적 변화를 파악하기 쉽다.
④ 지역사회 포럼은 조사대상자를 상대로 개별적으로 자료를 수집하는 데 유리하다.
⑤ 주요 정보제공자 조사는 정보제공자의 편향성이 나타날 수 있다.

☞ 해설
지역사회 포럼은 관심 있는 사람들만 참석하기 때문에 이들만의 욕구가 반영되는 표집자 편의 현상을 나타나 표본의 대표성을 확보하기 어려움.

정답 ④

제20장
|
욕구조사(2)

1. 욕구조사의 내용
욕구조사는 욕구를 확인하는 과정과 욕구를 추산하는 과정으로 구분할 수 있음

1) 욕구 확인
욕구의 확인이란, '무엇을' 필요로 하는가에 관한 것으로 인간다운 삶에 중요한 것으로 간주되는 요소의 결핍이나 장애를 질적 상태로 확인하고 표식하는 것
예) 거주지, 음식, 건강, 소득 등의 부족한 상태를 바람직한 상태와 비교하여 사회적인 욕구로 확인하는 것임

(1) 사회적 욕구를 확인하는 과정에 필요한 조건
① 욕구 충족을 위한 자원과 기술의 존재 여부. 가용자원과 기술 수준 안에서 변화 가능한 상황만이 욕구로 확인될 수 있음. 아무리 절박한 문제라도 현재의 자원과 기술로 변화될 가능성이 없을 때는 그것이 욕구나 문제로 확인되지 않음
② 정치적 과정. 특정 상황이 사회의 조직적 개입을 요구하는 것으로 확인되기 위해서는 소수지만 정치적 영향력이 큰 집단이 이를 문제로 인정하는 것이 중요함

③ 객관적인 정의와 측정이 가능해야 함. 문제해결에 필요한 사회적 자원의 조달과 배정에 대한 책임성을 확실히 하기 위해서 욕구로 규정될 상태나 조건은 객관적으로 정의되고 측정 가능한 것이어야 함

2) 욕구조사의 유형 ★★

욕구조사는 그것을 행하는 사회복지조직의 형태나 프로그램의 형태에 따라 클라이언트 중심(client-oriented)의 욕구조사, 서비스 중심(service-oriented)의 욕구조사, 그리고 지역사회 중심(community-based)의 욕구조사로 나눌 수 있음

(1) 클라이언트 중심의 욕구조사

클라이언트 중심의 욕구조사는 특정 인구집단, 즉 아동, 노인, 장애인 등을 위하여 서비스나 프로그램을 제공하는 조직에 의하여 행해지는 조사

예) 지역 청소년상담센터에서 청소년 인구를 대상으로, 노인복지회관에서 노인인구를 대상으로 그들의 욕구와 문제에 따른 서비스 수준을 조사하는 것

(2) 서비스 중심의 욕구조사

서비스 중심의 욕구조사는 의료서비스, 재활서비스, 직업훈련 등과 같은 특수한 서비스를 제공하고 있는 조직에 의하여 행해지는 조사

예) 학교부적응 학생들에게 학교또래관계 증진 프로그램 제공, 노인들의 치매 예방을 위한 교육 및 조기검진 실시 등을 통하여 이들에게 필요한 서비스 수준을 조사하는 것

(3) 지역사회 중심의 욕구조사

① 클라이언트 중심의 욕구조사와 서비스 중심의 욕구조사는 기존 사회복지조직이나 프로그램의 기획(planning)이나 평가를 위하여 유용함. 그러나 서비스에 다양한 인구집단을 통합하지 못하거나, 지역사회 내의 다른 서비스 조직과의 관련 속에서 서비스를 통합적으로 제공하지 못하고 있음. 이러한 문제점을 개선하기 위한 것이 지역사회 중심의 욕구조사임

② 지역사회 중심의 욕구조사는 클라이언트 중심의 욕구조사와 서비스 중심의 욕구
　조사를 통합한 것으로 지역사회 전반의 문제를 확인하여 문제해결의 우선순위, 적
　절한 개입대상 인구 및 적절한 개입대상 인구 및 적절한 서비스 수준 등을 파악하
　는 것

3) 욕구조사에 포함되어야 할 내용

욕구조사의 내용은 대상집단이나 지역사회에 따라 다를 수 있음. 욕구조사를 통해 수
집되어야 할 내용을 지역사회의 일반적 특징에 관한 기초자료, 욕구 파악을 위한 자
료, 사회자원을 활용하기 위한 자료 등 크게 세 분야로 분류할 수 있음

(1) 지역사회의 일반적 특징에 관한 기초자료

대상지역의 특징에 관한 개략적인 정보를 통해 지역의 특성과 필요로 하는 프로그램
의 유형을 파악할 수 있음. 기초자료는 지역적 특성, 소득수준, 가족 수, 성별분포, 연
령, 혼인, 거주형태, 종교분포, 주택보급률, 국민기초생활보장 대상자 수 등

(2) 욕구 파악을 위한 자료

대상집단의 현황과 문제를 파악하고, 현재 제공되고 있는 서비스는 어떠한 것이며,
그에 대한 만족도와 부족한 점들을 파악하여 어떠한 서비스를 강화하거나 새롭게 제
공해야 하는가를 조사함
① 대상집단의 현재 삶의 상태를 파악하는 자료: 사회, 경제, 교육, 고용, 건강 등 개
　인적인 현재 상태를 파악하는 자료로서 욕구수준과 효과성을 평가하는 기준이 됨
② 기존의 프로그램이나 정책대안 평가를 위한 자료: 기존 프로그램의 인지도, 이용
　도, 장단점, 서비스 태도, 자격조건, 경제적 부담 등을 파악하고 프로그램 개선에
　사용할 정보를 제공함
③ 신규 프로그램이나 정책대안 개발을 위한 자료: 대상집단의 구성원들이 가지고 있
　는 욕구를 확인하고 상대적 중요성을 파악하여 새로운 프로그램이나 정책대안을
　얻는 토대가 됨

(3) 사회자원을 활용하기 위한 자료

서비스나 프로그램을 개발하고 실행하는 데 필요한 자원이 어떠한가를 파악하여 실행 가능성과 문제해결능력을 조사함. 즉, 지역사회 정보(의사소통망)체계, 지역사회 서비스 자원, 정치적 자원 등임

① 의사소통망에 관한 정보: 프로그램이나 정책대안의 존재 여부와 내용을 클라이언트에게 알려줄 수 있는 공식적·비공식적 의사소통망과 매체를 파악해야 함
② 지역사회 서비스 자원에 관한 정보: 프로그램이나 정책대안을 계획할 때 활용할 수 있는 지역사회 냉 인적·물적자원을 파악해야 함
③ 정치적 자원에 관한 정보: 프로그램 정책대안이 성공적으로 집행되기 위해 지역사회주민과 지역사회를 대표할 수 있는 사람들이나 지도자들의 지지가 필요함

2. 욕구조사를 위한 자료수집

욕구의 확인과 추산에 필요한 자료를 확보하기 위해 다양한 조사방법의 기법을 활용하게 되며, 어떠한 방법을 선택할 것인가는 조사의 상황을 고려하여 결정하게 됨
욕구조사를 위한 자료 수집은 기존 자료 분석, 서베이, 공청회 등을 활용하여 수집할 수 있음

1) 일반 인구 조사방법

(1) 일반 인구 조사방법(general population survey)

① 대상지역의 주민들로부터 추출된 표본에 대해 설문조사를 실시하여 필요한 자료를 얻는 방법
② 지역주민들 가운데 추출된 표본을 대상으로 면접이나 설문조사를 통해 욕구를 측정하는 것이기 때문에 지역사회 욕구조사 시 가장 많이 사용되는 방법 중 하나임

(2) 일반 인구 조사방법을 통해 얻을 수 있는 정보

① 주민 개개인이 인지하고 있는 문제

② 다수의 개인이 느끼는 욕구, 즉 사회문제
③ 문제를 가진 개인들의 특성
④ 개인이 이용할 수 있는 서비스
⑤ 서비스를 이용할 의사나 장애가 되는 요인
⑥ 지역사회에서 원조를 받고 있는 기관(개인)의 정보 등

(3) 일반 인구 조사 방법
① 욕구를 명확히 규정하고, 대표집단을 신중히 선택해야 함
② 조사하고자 하는 욕구와 관련된 설문지를 작성하되, 필요한 서비스와 관련해서도
　설문을 작성해야 함
③ 일반 인구 조사방법에는 자료를 수집하는 절차에 따라 면접조사, 배포조사, 우편
　조사, 전화조사 등이 있음

(4) 일반 인구 조사방법의 장점
① 사용된 조사방법과 도구는 다른 지역에서도 융통성 있게 사용이 가능함
② 다른 조사기법의 보완도구로서 쓰일 수 있음
③ 조사도구는 수정이 가능하며 신축성이 있음
④ 비교적 타당한 결과를 얻을 수 있음

(5) 일반 인구 조사방법의 단점
① 높은 비용과 오랜 시간이 걸림
② 일반 인구를 대상으로 조사를 하다 보면 많은 조사인력이 필요함
③ 전문적 조사기술이 필요함

2) 델파이기법 ★★
(1) 의의
델파이기법(delphi technique)은 어떤 문제에 대하여 전문가들의 합의점을 통하여
자료를 직접 수집하는 방법. 즉, 델파이기법은 특정의 주제에 대하여 전문가집단의

의견과 판단을 파악하고 종합하여 그 결과를 정리하는 방식임

(2) 특징
논리적으로는 '한 사람의 의견보다는 두 사람의 의견이 정확하고, 다수의 판단이 소수의 판단보다 타당하다' 는 점에 근거를 두고 있음. 따라서 델파이기법은 전문가들에게 우편으로 의견이나 정보를 수집하여 분석한 결과를 다시 응답자들에게 보내 의견을 묻는 식으로 만족스러운 결과를 얻을 때까지 계속하는 방법임

(3) 델파이기법은 대면(face to face)집단의 상호작용이 아닌 익명집단의 상호작용을 통해 도출된 자료를 분석하는 것임

(4) 절차
델파이기법은 집단 커뮤니케이션 과정을 구조화하는 방법으로 정보의 흐름을 제어하며, 다음과 같은 절차로 진행됨
① 전문가 선정
② 주요 관심사에 관한 질문지 작성
③ 질문지 발송
④ 회수된 응답내용의 합의 및 합의되지 않은 부분으로 나누기 위하여 통계적으로 집계
⑤ 1차 분석의 결과에서 합의도가 낮으면 그 결과를 다시 응답자들에게 보내어 1차분석의결과를 참조한 각자의 의견을 물음
⑥ 회수된 응답 재분석

(5) 델파이기법의 장점 ★★
① 전문가를 한자리에 모으는 수고를 덜고 응답자의 시간을 효율적으로 사용할 수 있음
② 전문가가 자유로운 시간에 의견을 말할 수 있음
③ 익명이므로 참가자의 영향력을 줄일 수 있음
④ 응답을 위해 한곳에 모일 필요가 없음
⑤ 질문의 형식이나 내용을 적절히 선택함으로써 다양한 분야에 활용이 가능함

(6) 델파이기법의 단점 ★★

① 반복하는 데 시간이 많이 걸림

② 반복하는 동안 응답자의 수가 줄어드는 문제가 있음

③ 극단적인 판단은 의견일치를 위해 제외되는 경향이 있어 창의적인 의견들이 손상
   될 수 있음

3) 표적 인구 조사방법

(1) 의의

표적 인구 조사방법(target population survey)은 프로그램 제공을 통해 문제해결의
대상으로 삼는 표적 집단에 설문조사를 실시하여 욕구와 서비스 이용 상태를 파악하
는 기법

(2) 특징

일반 집단 서베이가 전체 주민을 조사대상으로 하는데 비해 표적 집단 서베이는 노
인, 청소년, 장애인, 여성 등 서비스의 클라이언트에 해당되는 집단들을 대상으로 설
문조사를 실시하여 그들 집단의 욕구, 기존 서비스 이용실태, 새로운 서비스 개발에
필요한 의견을 파악하는 방법임

(3) 표적인구 조사방법의 장점

표적 인구 조사를 통해서 얻을 수 있는 정보는 표적 집단이 갖는 문제나 욕구, 표적집
단이 이용할 수 있는 서비스의 파악에 있어서 용이함

(4) 표적인구 조사방법의 단점

① 시간적 · 비용적 측면에서 경제적이지 못함

② 질문지의 경우 회수율이 낮음

③ 사회적으로 요구하는 '바람직한 응답' 만을 얻을 수 있음

④ 표적 집단 서베이를 통해 얻은 자료는 그 집단에만 적용될 수 있고 주민 전체에게
   일반화되기 어렵다는 한계를 가지고 있음

4) 주요 정보제공자 조사

(1) 의의

주요 정보제공자 조사(key informants survey)는 지역사회 전반의 문제를 잘 알 수 있다고 인지되는 주요 인물로부터 자료를 수집하는 방법

- 해당 지역의 사회복지기관 직원, 관련 직종의 전문직 종사자, 지역유지, 정치적 지도자, 행정관료 등 지역문제에 대해 직접적으로 잘 알고 있다고 생각되는 사람들로부터 욕구조사에 필요한 의견을 수집하는 방법임

(2) 주요 정보제공자 조사방법의 장점

① 지역주민 대다수의 문제, 지역사회의 문제나 논의대상이 될 문제를 쉽게 파악할 수 있음

② 상대적으로 비용과 인력이 적게 들어 경제적임

③ 지역사회 유지나 지도자들이 지지하거나 반대하는 서비스나 프로그램을 파악할 수 있음

④ 주민들 중 정치적으로 활동적이고 영향력이 큰 집단들의 관심사항을 파악할 수 있음

⑤ 표본을 쉽게 선정할 수 있음, 표본추출이 용이함

⑥ 양적 정보뿐만 아니라 질적 정보도 파악할 수 있음

(3) 주요 정보제공자 조사방법의 장점

① 주요 정보제공자, 특히 정치적 지도자들이 중요하다고 생각하는 문제들은 정치적 민감성이나 감정에 의해 결정되는 경우가 많음

② 선정하는 과정이 자의적일 수 있어 필요한 의견을 골고루 수집하지 못할 수도 있음

③ 지역사회 지도자들은 그들과 접촉이 가능한 집단들만 대변하는 의견을 제시할 수 있음

④ 의도적인 선정으로 인하여 정보제공자의 편향성(bias)이 나타날 수 있음

⑤ 표본의 대표성이 낮음. 지역대표자나 지도자가 주민의 의견을 대변할 수 있느냐는 의문이 있음

⑥ 정보제공자들이 가지고 있는 정보의 양과 질에 의존하게 됨

5) 서비스 제공자 조사

(1) 의의

서비스 제공자 조사방법은 서비스를 제공하는 사람들로부터 지역사회의 문제나 욕구, 기존프로그램의 평가 및 새로운 프로그램의 개발에 필요한 의견을 수집하는 방법임

(2) 서비스 제공자 조사방법의 장점

① 사회적으로 잘 알려지지 않은 문제들을 파악할 수 있음
② 현존하거나 잠재적인 지역사회나 기관의 활용자원에 대해 정확한 정보를 얻을 수 있음
③ 지역사회 전반 또는 개인의 제 문제에 대한 원인 또는 배경을 파악하는 데 유용한 자료를 얻을 수 있음
④ 전문적인 판단에 근거해서 의견을 제시해 줄 수 있음

(3) 서비스 제공자 조사방법의 단점

① 서비스 제공자들은 표적집단에 의해 인지되지 않은 문제를 문제시하기 때문에 그러한 문제들을 해결하기 위한 서비스를 시행할 때 여러 가지 어려움이 발생할 수 있음
② 서비스 제공자들에 의해 인지된 문제들은 표적집단의 실제문제라기보다 제공자들의 문화적 · 계급적 편견일 수 있음
③ 이들은 주로 클라이언트를 대상으로 하므로 광범위한 욕구를 파악하기는 어려움
④ 그들의 기관에서 제공하거나 제공하게 될 프로그램에 유리한 욕구에 대해 언급할 가능성이 있음

6) 지역사회 공청회

(1) 의의

지역사회 공청회(포럼, community forum)는 지역사회의 사람들이 함께 모여 자신들의 욕구에 대해 자유롭게 의견을 교환하고 상호작용을 할 수 있는 토론회를 통해 욕구를 조사하는 방법

(2) 특징

지역사회 공청회는 지역사회 주민들이 누구보다도 자신들의 욕구를 잘 파악하고 있다는 전제하에서 주민들의 직접적인 의견을 들어 보자는데 의의가 있음. 가능하면 광범위하게 공표하여 지역사회 내의 여러 계층과 집단들이 고루 참석하도록 해야 함

(3) 전개 방법

모임 장소, 일시, 목적, 모임을 추진하는 사람(기관)등을 포함한 공고를 적어도 1개월 전에 하고, 1~2주일 전에는 적극적인 홍보와 소집활동을 전개하여야 함

(4) 진행과 결과 통보

공청회를 진행하는 방법은 여러 사람이 골고루 의견을 발표할 수 있는 기회를 갖도록 하는 것이 중요하며 모임이 끝나면 참가자에게 모임을 통해 얻은 직접적인 결과를 통보해 주는 것이 좋음

(5) 지역사회 공청회 조사방법의 장점 ★★

① 매우 경제적임. 적은 비용으로 광범위한 계층 및 집단들의 의견을 들을 수 있음
② 광범위한 주민계층 및 집단의 의견을 수집할 수 있음. 각 개인, 집단, 기관별로 문제에 대한 인식과 관심이 다른 것도 구별해 볼 수 있음
③ 이러한 모임은 지역사회를 위한 정책의 기획 및 개발을 촉발할 계기가 될 수 있음
④ 서베이조사를 위한 사전준비의 기회가 될 수도 있음
⑤ 복지기관의 활동에 대한 홍보와 활동에 주민들의 협조와 지지를 얻을 수 있는 계기 마련이 될 수 있음

(6) 지역사회 공청회 조사방법의 단점 ★★

① 모든 지역주민이 참여하는 것이 아니고 관심 있는 사람들만 참석하기 때문에 특정 문제에 직·간접적인 이해관계를 가진 이익집단의 영향을 배제할 수 없음
② 관심 있는 소수의 사람들만 의견을 발표함으로써 지역 전체의 의견보다 몇몇 개인의 의견이 강조될 수 있음

③ 기대했던 것보다 많은 정보를 얻지 못할 수 있음

7) 기존 자료 활용(2차 자료 분석)

(1) 의의

기존 사회적 자료 분석은 복지기관 서비스 이용 자료 분석과 함께 이미 존재하는 자료를 분석하는 2차 자료 분석의 한 방법임

(2) 대표적인 예

2차 자료의 대표적인 예로는 통계청에서 5년마다 실시하는 인구주택총조사 결과 분석과 한국도시연감, 한국통계연감, 도시가계연보, 한국의 사회지표, 지역통계연보, 한국경제지표, 경제활동인구연보 등이 있음

(3) 특징

2차 자료는 특히 클라이언트의 서비스에 대한 이용 자료는 대상자들의 표출된 욕구, 즉 서비스에 대한 공식적 요구사항을 나타내는 것이고, 어떤 서비스에 과부족은 없는지, 어떤 클라이언트들이 과다, 과소하게 이용하고 있는지를 파악할 수 있는 좋은 자료가 됨

(4) 장점과 제한점 ★★★

일반적으로 2차적 자료는 쉽게 구할 수 있고, 이용하기 편리하다는 장점을 가지고 있지만 여기에는 몇 가지 제한점이 있음

① 2차적 자료는 오래된 것이거나 신뢰성이 약하거나 불완전한 자료일 가능성이 있으므로 이러한 자료에만 의존하는 것은 과소 또는 과대평가(underestimating or overestimating)의 가능성이 있음. 특히, 클라이언트의 서비스 이용 현황 자료에만 의존하게 되면 문제의 심각성을 과소평가할 가능성이 많음

② 어떤 특정 지역에 거주하는 사람의 의료 및 사회적 상태를 추정하기 위해 사회지표를 활용할 때는 생태학적 오류(ecological fallacy)가 발생할 수 있음. 따라서 오류를 범하지 않도록 유의해야 함

※기존 자료를 통해 알 수 있는 정보의 사례

- 인구센서스 데이터 : 인구구성, 성비, 연령층, 주택, 가구현황 등
- 정부자료, 통계, 보고서 : 보건, 의료, 식품, 영양, 취약계층, 빈곤층 등
- 복지기관 기록, 보고서, 파일 : 서비스 이용 현황, 클라이언트 현황, 지역사회 자원 현황 등

01) 다음 중 욕구 조사의 자료수집방법으로 적당한 것은? (3회 기출)

> ㉠ 주요정보제공자 서베이　　　㉡ 델파이 기법
>
> ㉢ 지역사회 서베이　　　　　　㉣ 사회지표 조사

① ㉠, ㉡, ㉢　　　　　② ㉠, ㉢　　　　　③ ㉡, ㉣
④ ㉣　　　　　⑤ ㉠, ㉡, ㉢, ㉣

☞ 해설

욕구조사를 위한 자료 수집은 기존 자료 분석, 서베이, 공청회 등이 있음. 보기는 모두 욕구조사 자료수집방법임.

정답 ⑤

02) 초점집단(focus group) 조사와 델파이 조사에 관한 설명으로 옳은 것은?

(13회 기출)

① 초점집단 조사에서는 익명 집단의 상호작용을 통해 도출된 자료를 분석한다.
② 초점집단 조사는 내용 타당도를 높이는 목적으로 사용될 수 있다.
③ 초점집단 조사의 자료수집 과정에서는 연구자의 주관적 개입이 불가능하다.
④ 델파이 조사는 비구조화 방식으로 정보의 흐름을 제어한다.
⑤ 델파이 조사는 대면(face to face) 집단의 상호작용을 통해 도출된 자료를 분석한다.

☞ 해설

초점집단은 집단적 상호작용과 역학을 통해 특정주제에 관한 맥락적 정보를 획득할 수 있음. 맥락을 통한 명료화가 자료의 내용 타당도를 높이는데 기여함.

정답 ②

제21장
|
평가조사(1)

1. 평가조사의 의의 및 목적

1) 평가조사의 의의(program evaluation research)

(1) 프로그램 평가조사의 개념 ★★

① 프로그램의 효과성, 효율성, 적절성, 만족도 등을 체계적으로 분석하여 결정권자
로 하여금 합리적인 결정을 내릴 수 있도록 정보를 산출하는 사회적 과정임

② 평가조사는 사회복지기관이 클라이언트에게 제공하는 일체의 서비스 목적과 수단
의 적합성을 파악하여 클라이언트 당사자에게 끼치는 영향을 측정하는 사회복지
프로그램을 통한 서비스 제공의 연속적인 과정이라고 할 수 있음. 따라서 평가조
사는 다양한 의문을 제시하고 해답을 구하는 과정임

(2) 프로그램 평가의 정의

① 사회적 개입 및 대인서비스 프로그램의 개념화, 설계, 기획, 관리행정, 실행, 효과,
효율 및 활용에 대한 이해와 증진을 목적으로 하는 연구

② 프로그램 발전을 위하여 프로그램의 기획 및 진행의 과정, 종결에 나타나는 긍정

적 · 부정적 요인의 원인을 총체적 · 체계적인 평가기준을 통하여 진단하는 것

(3) '프로그램 평가는 반드시 필요한 것인가?'에 대한 질문

① 클라이언트가 필요로 하는 도움을 받고 있는가? 그리고 클라이언트를 돕기 위한 더 좋은 방법은 없는가?

② 클라이언트를 돕는 노력이 지난해와 어떻게 다른가? 과연 원하는 목표를 성취하였는가?

③ 우리 기관의 성공률을 다른 기관의 성공률과 비교하는 방법은 무엇인가?

④ 현재 진행 중인 프로그램을 지속하여야 하는가?

⑤ 우리 기관의 프로그램을 어떻게 하면 개선할 수 있는가?

(4) 프로그램 평가의 의의 ★★★

사회복지 분야에서는 클라이언트를 위한 다양한 프로그램이 개발 · 운용되고 있는데, 그러한 프로그램이 본래 의도한 목적을 제대로 달성하고 있는지, 또한 비용 효과적인지 등을 분석하는 것은 서비스의 개선, 비용 절감을 위해 매우 중요한 일임. 특히 사회복지기관의 책임성을 강조하는 추세에 따라 평가조사가 많이 사용되고 있음

2) 평가조사의 목적

(1) 프로그램을 평가하는 목적 ★★

① 프로그램 과정상 환류적 목적

 – 프로그램 평가는 프로그램의 계획이나 운영과정 개선에 필요한 환류적(feedback) 정보를 제공해 줌

 – 평가조사는 프로그램을 중단할 것인지, 축소 또는 확대할 것인지, 그대로 유지할 것인지에 대한 합리적인 판단의 근거가 됨. 또한 프로그램 내용을 수정하거나 보다 효율적으로 운영하는 데 필요한 정보를 제공해 줌

② 기관운영의 책임성을 이행

 – 사회복지기관은 사회로부터 복지활동을 할 수 있도록 위임을 받았기 때문에 사회에 대해 복지활동을 성실히 수행할 책임을 져야 함. 예산을 포함, 인적 · 물적

자원의 사용과 기관의 목적을 얼마나 달성하였는지 등에 대한 효율성과 효과성을 평가하여 책임성 이행의 근거를 마련함

③ 이론 형성

- 프로그램 평가는 이론 형성에 기여함. 프로그램 실시 전후의 차이를 측정하여 프로그램의 실시가 어떤 영향을 미쳤는지를 평가함으로써 인과관계를 검증하여 이론화할 수 있음

④ 프로그램 진행과정의 개선

⑤ 설계적 목적

- 새로운 프로그램 개발을 검토하기 위해 평가를 실시함

⑥ 합리적인 자원배분

⑦ 서비스 전달체계의 개선

- 서비스가 전달되는 과정을 평가하여 서비스가 지체되거나 클라이언트의 접근성이 어렵거나 본래 목적과 다르게 진행될 경우 시정하여 서비스 전달이 원활하게 이뤄지도록 함

3) 프로그램 평가조사의 중요성 ★★

(1) 사회복지 분야의 책임성 요구

(2) 사회복지기관의 정체성

사회복지기관들이 자신이 수행하는 프로그램이 기관의 목적에 얼마나 적합한지를 객관적으로 평가하고, 정체성을 확립하는 데 기여할 수 있음

(3) 내부적으로 효과적이고 효율적인 기관 운영

프로그램을 수행하는 데 사용되는 인적자원과 물적자원을 보다 효과적이고 효율적으로 사용하는 데 중요한 역할을 함

(4) 전문성 형성

프로그램들이 복잡하고 다양한 사회적 욕구와 문제를 체계적이고 통합적으로 충족시

키고 있는지를 평가함으로써 전문성 형성에 기여할 수 있음

(5) 수혜자 중심적 프로그램 운영
프로그램의 내용이나 운영이 수혜자 욕구에 적극 부응하여 수혜자에게 편의를 제공하고 있는지를 평가하여 수혜자 중심적인 운영을 할 수 있음

(6) 운영 방향의 일관성
프로그램의 평가지표가 미리 제시되는 경우, 기관 운영자는 평가지표에 따라 일정한 방향으로 프로그램을 운영할 수 있음

(7) 객관적 이론의 정립
사회복지프로그램과 관련된 객관적인 이론을 정립하는 데 있어서 평가의 자료가 논리적인 이론 형성에 기여하게 됨

2. 평가조사의 종류 ★★★★

1) 사용 목적에 따른 분류
프로그램 평가는 사용 목적에 따라 총괄 평가, 과정평가, 통합평가로 구분할 수 있음

(1) 총괄 평가(summative evaluation)
① 총괄 평가는 프로그램이 종료된 후에 실시함. 프로그램이 의도한 목적을 달성했는지, 의도하지 않았던 부정적인 효과는 없었는지 등을 평가하기 위한 조사임
② 총괄평가를 통하여 프로그램의 지속, 중단, 확대 등에 관한 총괄적인 의사결정을 해야 할 때 실시함
③ 여러 개의 대안적인 프로그램들 중 어느 것을 선택해야 하는지를 결정해야 할 때도 총괄평가를 실시함
④ 프로그램의 목적 달성 정도를 평가하는 효과성 평가와 총괄 평가의 핵심이나 비용

을 평가하는 효율성평가가 총괄 평가에 포함됨

(2) 총괄평가의 유형 ★★

① 효과성 평가
- 효과성이란 한 조직이나 프로그램의 목표 성취 정도와 관련이 있음. 의도했던 목표가 성취되었는지, 성취되었다면 프로그램 때문이었는지를 확인하는 것이 효과성평가(effectiveness evaluation)의 질문임. 그래서 효과성 평가에서는 먼저 조직이나 프로그램의 목표들이 무엇인지를 찾아내는 것이 일차적으로 중요함
- 효과성 평가는 주로 다음과 같은 질문에 대한 답을 찾음
  - 의도했던 프로그램 효과가 과연 그 프로그램에 의해 발생했는가?
  - 발생한 프로그램 효과는 프로그램 목표와 대비하여 어느 정도인가?
  - 프로그램 효과의 크기는 해결하고자 했던 원래의 사회문제를 해결하는 데 충분한가?
  - 의도하지 않았던 부수효과가 있었는가? 있었다면 그것은 어느 정도인가?
- 효과성 평가를 통해 프로그램의 중단, 축소, 현상, 유지, 확장에 관한 결정을 하는데 필요한 정보를 얻음. 효과성에 대한 정보는 직접 혹은 간접적 자료 수집을 통하여 구할 수 있음
- 성과가 장기간에 걸쳐 나타난다는 것, 대상자의 사회심리적 변화를 다룬다는 것, 또한 대상자의 서비스 수급으로 일반사회가 얻는 혜택이 광범위하게 확산되어 있다는 점 등이 사회복지서비스의 성과 측정을 어렵게 하는 이유임. 대상자의 만족도나 참여도 등과 같은 간접적인 성과지표를 사용하게 되는 것도 이러한 어려움에서 기인한 것이라고 할 수 있음

② 효율성 평가(efficiency evaluation)
- 효율성 평가는 프로그램 수행의 비용 적절성을 평가하기 위한 조사임. 즉, 얻고자 하는 성과를 얻는 데 프로그램이 얼마나 비용 효율적인가를 평가하는 조사임. 효율성은 주로 투입과 산출의 비율로 표시되는데, 투입은 프로그램의 비용을 의미하며, 산출은 프로그램의 효과를 의미함

$$효율성 = \frac{프로그램\ 산출(또는\ 성과)}{프로그램에\ 대한\ 투입} = \frac{효과}{비용}$$

- 효율성 평가는 다음과 같은 내용을 파악함
  - 프로그램의 직접적 비용은 얼마인가?
  - 부작용이나 사회적 충격을 포함한 사회적 비용은 얼마인가?
  - 프로그램의 효과(편익)는 비용을 정당화할 만큼 큰 것인가?
  - 적절한 비용으로 프로그램을 성사시켰는가?
  - 더 적은 비용으로 같은 결과를 산출할 수 있는 다른 방안이 있는가? 등
- 프로그램의 효율성(efficiency) 개념은 두 가지 용법으로 쓰임
  - 보통은 투입–산출(input-output)의 관계를 나타내는 것으로 쓰이나 투입–성과(input-outcome)와 같이 프로그램 목표의 획득에 드는 자원 비용의 관계로 쓰이는 경우도 있음
- 효율성을 측정하기 위해서는 다음과 같은 비용 관련 분석자료가 필요함
  - 산출비용: 프로그램 산출물 단위에서 기준한 생산비용
  - 성과비용: 프로그램 목표 성취에 기준한 부과 비용
  - 상대적 비용: 동일한 산출물을 대안적인 방식으로 생산할 때 소용되는 비용
  - 비용 환산: 투입, 산출, 성과 등을 단일한 화폐 가치로 환산

(3) 과정 평가(process evaluation) ★★

① 과정 평가는 프로그램 운영 도중에 프로그램의 개선과 발전을 위해 이루어지는 평가임. 즉, 프로그램 운영과정상의 장단점을 파악하여 프로그램 향상을 위한 개선 방안을 마련하는 데 도움을 주기 위한 조사임

② 과정 평가를 통해 얻어진 내용들은 프로그램 개선을 위한 환류자료로 활용됨. 과정 평가는 프로그램 진행과정에서 평가작업이 시행되어 프로그램을 수정·변경시키는 데 영향을 줌. 따라서 과정 평가를 형성 평가(formative evaluation)라고도 함

③ 과정평가와 관련된 질문들을 살펴보면 다음과 같음

- 표적집단 가운데 얼마 정도가 서비스를 받고 있는가?

– 어떤 유형의 개인들이 서비스를 받지 못하는가?

– 표적집단 중 왜 많은 수가 서비스를 받기를 거부하는가?

– 시설들 가운데 어느 시설이 가장 많은 클라이언트에게 서비스를 제공하는가?

– 어떤 유형의 임상가가 특정 목표대상에 가장 적합한가?

– 여러 종류의 임상가들이 가지고 있는 임상적 개입기술수준은 어느 정도인가?

– 임상가들은 준비가 덜 되어 있고, 보충적 교육이 필요한 분야는 무엇인가?

– 시설의 새로운 절차에 대하여 종사자들이 어떻게 반응하는가? 그로 인하여 어떤
어려움을 겪게 되는가?

– 클라이언트들은 서비스에 대하여 만족하고 있는가? 만족하고 있다면 그 이유는
무엇이며 또한 만족하지 못한다면 그 이유는 무엇인가?

– 클라이언트들이 프로그램 참여를 중도에 그만두는 경우가 많은 이유는 무엇인가?

(4) 통합 평가 ★★

통합 평가는 형성 평가와 총괄 평가를 합쳐 놓은 평가임

2) 평가주체에 따른 분류

평가조사는 평가주체에 따라 내부 평가와 외부 평가로 구분할 수 있음

(1) 내부 평가(inside evaluation) ★★

① 내부 평가는 프로그램의 개발 · 집행을 담당하고 있는 사람들이나 같은 조직체 내
의 다른 구성원들이 행하는 평가임

② 기관 내 자체 평가인 내부평가는 평가의 자료나 결과를 기관 외로 유출시키지 않
고 기관 내의 결정을 위해 비공식적으로 사용되는 경우가 많음

③ 내부평가의 장점

– 평가자가 기관에 관한 내용을 자세히 알고 있기 때문에 자료의 접근이 쉬움

– 평가대상자들과 비교적 쉽게 라포(rapport)를 형성할 수 있음

– 평가의 사간과 비용을 절약할 수 있음

– 평가 자체가 생산적이지 못할 때에는 평가의 설계를 신속히 변경할 수 있음

- 평가의 활용도를 높일 수 있다는 점을 들 수 있음

④ 내부평가의 단점

- 형식적인 평가로 그칠 가능성이 많음

- 객관적이지 못하거나 부정직한 평가로 흐를 가능성이 있음

- 정당성이 결여된 인상을 받을 수 있음

- 변화를 시도하거나 주도할 힘의 바탕이 약함

(2) 외부 평가(outside evaluation) ★★

① 외부 평가는 고문 평가(consultant evaluation)라고도 함

② 프로그램을 담당하는 기관의 외부자에 의해 이뤄지는 평가임. 즉, 외부 평가는 프로그램의 개발·집행을 담당하는 조직체 외의 전문가인 대학교수, 연구기관의 연구원, 다른 조직체의 실무자 등이 행하는 평가임

③ 외부 평가는 기관과 조직 성원들에게 위협적인 것이 될 수 있어 이들과 협조관계가 이루어지지 않을 경우 신뢰성과 객관성이 있는 평가가 수행되도록 기관과 조직 성원들을 안심시켜야 하며 조직 내 성원들과 긴밀한 관계를 유지해야 할 필요가 있음

④ 외부평가의 장점

- 객관적·합리적·과학적 평가임

- 전문적 평가임

⑤ 외부평가의 단점

- 지나치게 경직된 평가가 될 수 있음

- 기밀에 속하는 자료를 제한적으로 사용할 수밖에 없음

- 직원들에게 초조함, 압박감을 주어 평가과정에 불참할 가능성이 있음

- 평가 결과를 받아들이지 않거나 제한적이며 선별적으로 받아들일 수 있음

3) 그 밖의 평가

(1) 평가범위에 따른 분류

① 단일 평가: 표적문제의 개념화 및 개입의 설계와 관련된 평가, 프로그램 집행의 평

가, 프로그램 효용성에 대한 평가 등을 각각 분리하여 어느 하나에 대해 행하는 평가

② 포괄 평가: 단일 평가와는 반대로 표적문제의 개념화 및 개입의 설계와 관련 된 평가, 프로그램집행의 평가, 프로그램 효용성에 대한 평가 등을 모두를 행하는 평가

(2) 평가시점에 따른 분류
① 사전 평가: 프로그램이 시작되기 이전에 행하는 평가로 적극적 평가
② 사후 평가: 프로그램이 종료된 후에 행하는 평가로 소극적 평가

(3) 메타 평가(meta-evaluation)
① 평가를 잘 했는지에 대한 평가, 즉 평가에 대한 평가
② 평가계획서나 평가 결과를 다른 평가자에 의해 점검받는 것
③ 평가의 신뢰도, 타당도, 유용도, 평가의 방식, 보고의 문제, 적정성, 평가비용 등을 평가함

(4) 적합성 평가(appropriateness evaluation) ★★★
① 개별 프로그램의 평가가 이루어지기 전에 그 프로그램의 가치를 따져 보는 데 의미를 두는 평가
② 효과성 평가와 효율성 평가가 진행되기 이전에 그 평가들이 추구하는 목표가 사회적 가치나 사회정책적 입장에서 바람직한지에 관한 여부를 검토하는 평가임
③ '적합성' 이란 프로그램이 추구하는 수단이나 전략보다는 프로그램이 추구하는 목표가 궁극적으로 사회적 가치에 부합하는지를 가리키는 개념임

01) 노인프로그램을 운영 도중 여성보다 남성이 프로그램 탈락이 많았다. 이러한 상황에서 남성 노인들의 의견을 조사해서 프로그램에 반영했을 때, 이런 평가 조사를 무엇이라고 하는가? (4회 기출)

① 효과성 평가
② 효율성평가
③ 기관평가
④ 형성평가
⑤ 총괄평가

☞ 해설

프로그램의 개발이나 시행 중인 프로그램을 개선하기 위해 프로그램 운영 도중에 이루어지는 평가는 형성평가임.

정답 ④

02) 지역아동센터에서 인지능력개발프로그램을 종료한 후 이를 재진행할 것인지, 완전히 종결할 것인지 등을 경정할 때 사용할 수 있는 평가는? (7회 기출)

① 형성평가
② 과정평가
③ 총괄평가
④ 사전평가
⑤ 메타평가

☞ 해설

프로그램이 종료된 이후 행해지는 평가로 총괄평가, 즉 성과평가에 해당됨. 프로그램 운영이 끝날 때 행해지는 평가로서 성질이 비슷한 새로운 프로그램을 다시 시작할 것인지 또는 종결할 것인지 등을 결정짓는 데 유용함.

정답 ③

제22장

|

평가조사(2)

1. 평가의 기준 및 요소

1) 평가의 기준과 평가요소

(1) 평가의 개념

① 프로그램 평가의 기준(내용)이란 평가를 위한 준거를 말함

② 프로그램을 평가하기 위해 프로그램의 어느 측면을 평가의 초점 내지는 기준으로 삼아야 할 것인가를 의미함

(2) 프로그램 평가조사에 필요한 기준과 기법 ★★

① 합법성(legitimacy): 사회복지프로그램이 관련 법률과 운영규칙 등에 얼마나 적합하게 운영이 되는가에 따른 평가

② 노력성(effort): 다양한 프로그램과 관련된 사람들이 프로그램을 위해 얼마나 노력하고 일을 하고 있는지에 따른 평가

예) 활동시간, 활동내용, 프로그램 장비, 서비스를 이용한 클라이언트의 수 등

③ 효과성(effectiveness): 목적 달성 정도를 나타내는 평가기준으로서 프로그램의 성

공 여부로 나타냄

예) 클라이언트의 인지적 변화, 행동상의 변화 등

④ 효율성(efficiency): 투입과 산출의 비율로서, 최소한의 비용으로 최대한의 산출을 얻는 것을 의미함

예) 프로그램 노력(노력의 평가요소들)에 대한 비용, 프로그램 결과(효과성의 평가요소들)에 대한 비용 등

⑤ 적절성(adequacy): 프로그램의 실현 가능성을 의미. 즉, 현실적으로 적합한 양과 질의 범위 내에서 프로그램이 계획되고 운영되었는가를 기준으로 평가하는 것

⑥ 접근 가능성(accessibility): 모든 사람들이 시간적 · 공간적 · 비용적 · 심리적 · 지리적으로 손쉽게 서비스를 이용할 수 있는가에 의해 평가됨

⑦ 형평성(equity): 서로 다른 처지에 있는 사람들을 다르게 대우하는 수직적 형평성, 같은 처지에 있는 사람을 똑같이 처우하는 수평적 형평성이 있음. 이는 프로그램 배분에 있어서의 공평성이라고 정의할 수 있음

2) 프로그램 진행과정에 따른 평가요소

(1) 프로그램 평가요소의 개념

① 프로그램의 평가요소는 프로그램 평가의 대상이 되는 요소를 의미함

② 프로그램 평가기준이 설정되면 각 평가기준별로 평가대상이 되는 요소를 정할 수 있음

③ 프로그램 평가요소는 프로그램 진행과정과 관련하여 검토해 볼 수 있음

④ 프로그램은 투입(inputs), 전환(throughputs), 산출(outputs), 성과(outcomes)의 과정으로 진행됨. 이 요소들은 프로그램 평가의 기본 요소가 됨

(2) 투입

① 이용자나 서비스 자원과 관련된 변수

② 투입은 프로그램의 목표 달성을 위해 소요되는 자원을 의미함

③ 사회복지프로그램에서의 투입은 이용자, 인적자원, 물적자원, 시설, 설비의 다섯 가지 요소를 포함함

– 대상: 이용자

– 인적자원: 프로그램 담당 직원, 직원의 업무 부여시간, 자원봉사자 수 및 봉사시간

– 물적자원: 자금, 예산

– 시설: 활용된 편의시설

– 설비: 이용된 물품, 장비 등

– 프로그램에 작용하는 기제들: 법, 규정, 규칙 등

(3) 전환

① 개입방법과 관련된 변수

② 전환은 서비스 전달과정, 즉 목적 달성을 위해 투입되는 자원을 활용하여 프로그램을 진행시키는 과정을 의미함. 서비스의 종류, 서비스의 내용, 개입의 방법 등을 포함함

– 상담건수

– 서비스에 참여한 이용자 수

– 서비스 제공시간

– 제공된 활동의 양

– 취업인원 등

(4) 성과

① 변화내용과 관련된 변수

② 성과는 이용자가 프로그램 참여를 통해 성취된 삶의 질 측면에서의 변화를 의미함

③ 프로그램 서비스를 받은 후 참가자가 얻은 이익, 참가자에게 나타난 변화, 효과 등을 의미함. 성과는 지식, 기술, 태도, 가치, 행동, 환경, 지위의 변화 등과 관계가 있음

– 참가자의 지식, 기술, 태도의 변화

– 참가자의 지식, 기술, 태도의 변화에 따른 행동변화

– 참가자의 환경과 지위의 변화 등

2. 평가조사의 절차

1) 평가의 목적 및 대상의 결정

① 평가조사의 첫 번째 단계에서는 평가조사를 하기로 결정하였다면 무슨 목적(총괄 평가, 과정 평가)으로 어떤 프로그램(특정 프로그램, 일부 프로그램, 전체 프로그 램)을 평가할 것인지를 결정해야 함

② 어떤 내용을 위주로 평가(노력, 효과성, 효율성, 예상 못한 결과 중의 일부 또는 전 체)할 것인지 등을 결정해야 함. 이러한 평가의 목적 및 대상을 결정할 때에는 평 가를 위한 비용, 인력, 시간, 평가결과의 실제 이용자 등을 고려해야 함

2) 프로그램의 책임자 및 담당자의 이해와 협조 요청

① 프로그램의 평가는 그 프로그램의 운영을 책임지고 있는 사람과 프로그램을 실제적으 로 수행하는 담당자가 평가의 목적, 방법 등을 잘 이해하고 협조해 줌으로써 가능함

② 프로그램 담당자는 평가의 결과가 예상하지 못하게 나올 수 있기 때문에 불안감과 두려움이 있을 수 있음. 따라서 평가조사 전에 평가조사의 목적 및 내용 등에 대한 충분한 협의와 토의가 이루어져야 하고, 프로그램 관련자와 평가자 사이에 긴밀한 협조관계가 이루어질 수 있도록 해야 함. 특히 평가의 주체가 외부인일 경우에는 더욱 이러한 점에 유의해야 함

3) 프로그램의 목표 확인

① 평가조사의 핵심은 프로그램의 목표에 대한 실제적 달성 정도를 측정하는 것임. 따라서 프로그램의 목표를 명확히 확인하는 일은 무엇보다도 중요함. 프로그램의 목표는 명확하고, 구체적이고 측정 가능하도록 설정되어야 함

② 프로그램이 누구에 의해서 제공되는지, 누구를 위해 제공되는지, 무엇을 제공하는 지, 기대하는 변화는 무엇인지 등이 서술되어야 함
  - 누구에 의해서 제공되는지: 클라이언트에게 직접적인 서비스를 제공하는 사람 의 수, 자격은 어떻게 되는지 등 개인적 특성을 의미
  - 누구를 위해 제공되는지: 대상집단, 표적 인구 등 클라이언트의 특성을 의미

– 무엇을 제공하는지: 서비스의 내용, 빈도, 장소 등을 의미

– 기대되는 변화: 변화의 정도, 내용, 지속기간 등을 의미

4) 조사대상의 변수 확인

① 클라이언트의 변화에 대한 가설을 세우고 이를 검증하기 위한 경험적 조사를 실시하는 것은 평가조사의 주요 목적임

② 조사대상의 변수(variables) 선정은 독립변수, 매개변수 및 종속변수를 확인하고, 평가조사의 목적 및 내용과 관련하여 변수를 결정하는 것임

③ 종속변수는 개입의 결과이므로 당연히 선정되지만, 독립변수와 매개변수에 있어서는 적절한 것을 고려해야 함

5) 이용 가능한 자료측정도구 결정

선정된 변수에 따라 그것들을 실제로 측정하기 위한 자료와 측정도구가 있는지를 검토함. 기존에 사용했던 측정도구가 있다면 이를 사용할 수 있는지 등을 검토함

6) 새로운 측정도구의 개발

① 선정된 변수를 측정하기 위해서 기존의 측정도구를 사용할 수 없다면 새로운 측정도구를 개발해야 함

② 측정도구의 개발은 기존에 있던 측정도구를 수정하거나 새로운 측정도구를 만드는 과정으로 이루어짐. 새로운 측정도구는 특히 신뢰도와 타당도가 높은 측정도구가 될 수 있도록 개발해야 함

7) 적절한 조사설계 형태의 선정

① 조사설계는 다른 조사처럼 다양한 조사설계 중 어떤 특정한 설계형태를 택할 것인지를 결정해야 함

② 평가조사의 설계는 기본적으로 일반 조사설계와 다른 점이 없지만, 평가조사에서 사용되는 특별한 조사설계는 공공회계, 비용–편익분석, 그리고 비용–효과분석 등이 있음

8) 조사의 수행

① 실제로 자료를 수집하는 조사활동을 수행함

② 평가조사는 일반조사와는 달리 조사수행과정에서 프로그램 관련자와의 관계, 역할 등에 있어서 갈등이 있을 수 있으므로 계속적인 이해와 협조체제를 유지해야 할 것임

9) 결과의 분석 및 해석

① 실제적인 조사활동을 통해 수집된 자료를 통계절차를 이용하여 분석하고 결과가 무엇을 의미하는지 명확히 해석해야 함

② 통계적 지식이 없어도 조사결과를 통계전문가에게 의뢰하여 분석·해석할 수는 있지만 통계적 지식을 갖추면 보다 융통성 있게 자료를 분석할 수 있고 그 의미를 조사의 목적에 맞게 잘 해석할 수 있는 장점이 있음

10) 결과보고 및 실제적 활용

① 평가조사는 통계적 지식이 없는 사람도 이해할 수 있을 정도로 서술·보고되어야 함

② 보고서는 일반 조사보고서의 양식에 따라 보고될 수도 있지만 그것이 공개적으로 출판되는 경우가 아닌 때에는 보다 일반적인 언어로 조사 보고자의 재량에 따라 적절한 양식을 선택할 수 있음

③ 보고서에는 프로그램 평가와 관련한 건의 사항 등이 반드시 포함되어야 함. 보고서의 실제적인 활용은 조사의 목적과 관련되어 평가조사 의뢰자의 의도에 따라 사용되어야 함

3. 평가조사 사례 - 복지관의 사업평가 사례

1) 평가 목적 설정

사업평가: 프로그램의 결과 평가 및 향후 발전방안 마련(사업이 성과를 내고 있는가?/ 지역사회에 영향을 미치고 있는가?)

2) 조사설계

(1) 평가대상: 사업평가

「당뇨질환어르신의 주말결식보호와 자기건강관리능력 향상 프로젝트 위풍당당!!」

(2) 평가모형 혹은 평가기준: 평가기준으로서 과정 – 노력성 –효과성 – 영향

(3) 평가자료 수집방법

① 평가를 위한 주요 정보 확보(효과성 평가–단기성과 정보 제외): 내용분석(사업계획서, 사업기록, 결과보고서)

② 효과성평가, 단기성과, 만족도 측정: 설문조사

③ 효과성 평가, 단기성과, 자기건강관리능력 향상도 측정: 집단실험설계(단일집단 사전사후검사 설계)

3) 평가 세부지표 개발

평가기준	세부 평가기준
과정	목적과 목표의 적절성과 달성수준 대상설정과 선정과정의 적절성 사업내용과 운영과정의 적절성
노력성	투입–인력과 재정 사어수행을 위한 활동
효과성	산출목표 달성수준 단기성과 목표달성 수준
영향	중 · 장기성과 목표달성 수준(평가를 수행하지 못함)

4) 세부지표 조사도구 개발 및 선정

① 자기건강관리능력 향상도 조사도구: 김영옥(1996)의 '자가간호행위 측정도구' 활용

② 만족도 조사도구: 서울시복지재단(2008)의 '사회복지시설 이용자 만족도 척도' 활용

5) 평가자료 수집

① 내용분석(사업계획서, 사업기록, 결과보고서): 단기성과를 제외한 나머지 평가정보 확보

② 설문조사: 단기성과 요소 가운에 하나인 만족도 측정

③ 집단실험설계(단일집단 사전사후검사 설계): 단기성과 요소 가운데 하나인 자기건강 관리능력 향상도 측정

6) 자료분석 및 정리

7) 평가수행: 과정평가, 노력성 평가, 효과성 평가, 영향평가, 평가 종합 및 제언

8) 평가보고서 작성

01) 제3의 평가자가 여러 복지관에서 완성한 자체평가서들을 신뢰도, 타당도, 유용성, 비용적인 측면에서 다시 점검하는 것은? (8회 기출)

① 총괄평가   ② 메타평가

③ 능률평가   ④ 과정평가

⑤ 효과성 평가

☞ 해설

메타평가는 평가의 평가로 제시된 평가계획서나 완성된 평가를 다른 평가자가 다시 점검하는 것을 말함.

정답 ②

02) 프로그램 평가 연구에 관한 설명으로 옳지 않은 것은? (15회 기출)

① 종속변수는 프로그램이다.

② 유사실험설계를 사용하여 효과를 측정할 수 있다.

③ 외생변수에 대한 고려가 필요하다.

④ 투입된 비용에 대한 효과를 평가할 수 있다.

⑤ 결과를 해석할 때 정치적 관점이 개입될 수 있다.

☞ 해설

종속변수는 프로그램으로 인해 나타난 결과이며, 독립변수가 프로그램임.

정답 ①

제23장
|
질적 연구방법론

1. 질적 연구에 대한 이해

1) 질적 연구의 개념 ★★
① 질적 연구방법이란 사회·문화 현상과 관련된 내부자의 목소리나 사회적 행위자의 관점, 하나의 현상이 발생하는 총체적인 맥락 속에서 그 현상을 파악하려는 연구방법을 말함
② 질적 연구란 통계적 절차나 기타 계량화의 수단에 의해 도달하는 방식 이외의 방법으로 연구결과를 창출하는 연구형태를 말함
③ 인간이 사회적 행위를 하는 동기나 목적을 깊이 있게 이해하기 위해서는 인간 행위의 계량화가 아니라 그 행위 이면의 의미에 대한 해석적인 이해가 필요하다고 봄. 이처럼 연구에서 인간 행위의 해석과 의미화를 강조하므로, 이 연구방법을 해석적 연구방법 또는 질적 연구방법이라고 함
④ 질적 연구는 자료를 수치화하지 않으며, 자료 수집에 있어서도 적은 수의 사례에 대한 포괄적이고 다양한 자료들을 수집하여 심층적인 이해를 하는데 주된 초점을 둠
⑤ 질적 연구가 적절한 상황

- 연구문제의 성격이 무엇이 어떻게 일어나는지를 보고자 할 때
- 연구주제가 탐색적일 때
- 사람들의 자연스러운 상태를 연구하기 위해
- 연구 참여자들의 시각을 강조하고자 할 때

2) 질적 연구의 특징 ★★

(1) 주관성
연구자가 자신의 주관이 배제된 객관적 실재를 파악하는 것이 불가능함. 질적 연구에서 세계는 그것을 관찰하고 인지하는 주체에 의해 주관적으로 파악된다고 봄

(2) 기술적, 탐색적
현상에 대한 탐색과 기술이 주된 관심이 됨

(3) 총체적
① 연구 참여자의 세계, 시각 등을 총체적으로 살펴보고자 함
② 자료의 수집은 몇몇 특정 변수나 범주에 국한되지 않고 연구대상현상의 다양한 측면을 최대한 포괄하도록 관련된 다양한 사람들로부터 다양한 자료들을 수집하게 됨

(4) 자연적
① 질적 연구는 연구 참여자의 상황적 맥락 안에서 이루어진다는 점에서 자연적임
② 질적 연구에서 행동은 그 상황적, 환경적 맥락 안에서 관찰되어야 가장 잘 이해할 수 있다고 봄

(5) 귀납적
양적 연구에서 주로 이론에서 출발하여 가설을 세우고 자료를 통해 이를 검증하는 연역적 방법을 사용하는 반면, 질적 연구에서는 현실에서 일어나는 경험적 자료 등을 수집하고 분석함으로써 이론을 도출하는 귀납적 방법을 사용함

(6) 연구도구로서의 연구자

질적 연구에서는 자료 수집의 중요한 도구로서 연구자 자신을 활용함. 질적 연구에서는 연구자의 관찰과 통찰 등을 통해 자료를 수집하고 분석하게 됨

(7) 연구절차의 유연성

① 질적 연구는 양적 연구에 비해 연구절차가 덜 구조화되어 있고 자료 수집 및 분석 과정이 유연하고 객관적임

② 연구절차나 단계 등은 연구자들의 경험이나 직감 등에 의존하여 조사단계나 절차들을 결정하고, 자료를 수집하며, 자료 수집과 분석 단계가 동시에 상호작용하면서 이루어지는 경우가 많음

(8) 질적 연구의 장단점 ★★

① 장점
 - 심층적이고 풍부하고 자세한 사실의 발견이 가능함
 - 문제에 대한 새로운 시작(통찰력)을 제공함
 - 조사설계나 자료 수집에 융통성 있음
 - 저비용으로 쉽게 시작할 수 있으며, 작은 집단이나 표본으로 가능함

② 단점
 - 주관적이라는 인상을 주기 쉬움. 결과에 대한 주관적인 이해가 반드시 현실이나 경험적 검증 결과와 일치하지는 않음
 - 재정 지원을 받는 것과 출간에 어려움이 있음
 - 조사 결과를 일반화하는 데 어려움이 있으며, 재정지원기관에서는 'hard' 데이터를 'soft' 데이터보다 선호하는 경향이 있음
 - 조사 결과의 효율성을 입증하거나 실천적 적용을 이끌어 내기에는 미흡함

3) 질적 연구의 유형

(1) 내러티브 연구(narrative inquiry)

① 내러티브 연구는 많은 형식을 가지고 있으며, 다양한 분석적 방법을 사용하고 있

고, 여러 다른 사회과학과 인문과학 분야에 뿌리를 두고 있음

② 내러티브란 어떤 텍스트나 담론에 부여된 용어일 수도 있고 아니면 개인이 진술한 이야기에 특정하게 초점을 맞추면서 특정 질적 연구 접근의 맥락 안에서 사용되는 텍스트일 수도 있음

③ 내러티브는 방법일 수도 있고, 연구하는 현상일 수도 있음. 방법으로서 내러티브는 개인이 자신의 삶에 대해 말한 이야기(storytelling)에 표현된 경험을 가지고 시작함. 저자들은 삶에 대해 표현된 이야기를 분석하고 이해하기 위한 방법을 제공해 왔음

  - 전기연구: 연구자가 다른 사람의 인생 경험에 대해 기록하고 글을 쓰는 내러티브 연구의 한 유형

  - 자서전: 연구 대상인 개인들이 기록하고 저술

  - 생애사: 사적인 경험 이야기가 단일한 혹은 복합적인 에피소드나 사적인 상황, 또는 민속에서 발견되는 개인의 사적 경험에 대한 내러티브 연구임과 동시에, 개인의 전체적인 인생을 그리는 것

  - 구술사는 한 사람 혹은 여러 사람으로부터 사건과 그것의 원인 및 영향에 대한 개인적인 반성을 모으는 것으로 구성

(2) 현상학적 연구

① 현상학적 연구는 어떠한 하나의 경험이 그 경험을 한 사람에게 주는 의미가 무엇인가의 탐구를 목적으로 함. 현상학적 접근은 개인의 진술로부터 경험구조의 본질을 발견할 수 있다고 가정함

② 연구주제 선정과 관련하여 연구자는 '왜 그러한 주제를 현상학적으로 접근해야 하는가?'에 대한 고민이 첫 번째임. 자료를 수집하는 데 있어 초점은 연구참여자를 선정하는 데 있음

③ 현상학의 기본적 목적은 현상에 대한 개인의 경험을 보편적 본질에 대한 기술, 즉 사물의 자연적 특성을 포착하는 것으로 축소함

④ 현상학적 연구에서는 면접자료 이외에도 기록자료를 많이 활용함. 메를로-퐁티(Merleau-Ponty)나 밴 매넌(Van Manen)의 경우에는 기록자료의 범위를 문학작품, 그림, 영화에까지 넓혀 활용하고 있음

⑤ 현상학적 연구에서의 자료분석은 참여자의 구술에서 의미 있는 내용을 추출하고 이를 연구자의 언어로 종합하여 핵심명제를 도출한 후, 그 구조를 확인하고 서술적으로 표현한 뒤, 구조적으로 통합하면서 발견적 해석과정을 거쳐 자료를 분석하는 것임

⑥ 현상학은 철학적 요소를 가지고 있으며, 독일의 수학자인 에드먼드 후설(Edmund Husserl)과 그의 관점을 확장시킨 하이데거(Heidegger), 사르트르(Sartre), 메를로-몽티(Merleau-Ponty) 등의 저작에 뿌리는 두고 있음

⑦ 현상학에 대한 두 가지 접근이 두각을 나타내고 있는데, 해석학적 현상학(Van Manen, 1990)과 초월론적(혹은 심리학적 혹은 경험적) 현상학(Mous-takas, 1994)임

(3) 근거이론 연구(현실기반이론) ★★

① 근거이론 개요
- 근거이론(Grounded theory)는 1960년대 말 사회학자인 글레이저와 스트라우스(Glaser & Strauss, 1967)에 의하여 구체화되었음
- 근거이론의 목적은 어떠한 현상, 사건 등을 분석 및 해석하여 새로운 이론을 구축하는 것임. 즉, 근거이론은 기존이론이 형성되지 않았거나 확고한 기반을 갖추지 못한 현장의 현실적인 자료를 수집하며, 귀납적인 접근을 통하여 이론을 구축함
- 근거이론의 철학적 기반은 상징적 상호작용(론)주의라고 할 수 있음
- 근거이론의 특징은 첫째, 개념구성임. 개념을 현상을 설명하는 기본적인 요소로 정리작업을 통하여 분석이 가능. 둘째, 실제 이론개발임. 근거이론은 분석적 도구로서 새로운 지식을 창출함

② 근거이론 연구방법
- 주제의 탐색과정에서 귀납적 접근이기 때문에 문헌고찰을 통한 기존의 연구결과를 배제함. 그러나 문헌자료는 이차 출처로서 질문형성과 조사결과를 확인시켜 주고 부족한 부분을 밝히는 데 사용할 수 있음
- 근거이론의 주목적은 이론을 개발하는 것이기 때문에 현상을 깊이 탐색하기 위해 필요한 유연성과 자유를 제공할 수 있는 방식으로 질문을 구성해야 함

- 가장 좋은 자료를 수집하기 위하여 참여자의 반응을 유발하고 참여자의 경험에 초점을 둔 답을 유도할 수 있는 질문이어야 함
- 근거이론에서 수집된 자료의 분석을 통하여 개념화가 가능해야 함. 자료는 동질성이 검증된 20~30명 정도의 참여자를 통하여 수집하게 됨

③ 분석과정을 체계적으로 유지하기 위하여 일정한 코딩과정, 즉 개방코딩, 축코딩, 선택코딩을 하게 됨
- 개방코딩: 속성과 차원에 따라 현상을 발견하고 이름을 붙이고 범주화하는 코딩. 연구자는 각각의 범주에서 몇 가지 속성을 분류하여 하위범주를 찾아냄
- 축코딩: 개방코딩 이후에 관계적 혹은 변화적 표집, 속성과 차원의 발전, 하위범주와의 연결을 살펴보기 위함. 즉, 논리적인 다이어그램을 통하여 중심현상, 인과관계, 맥락, 중제조건, 결과를 묘사하고 제시함
- 선택코딩: 각 범주가 포화될 때까지 자료를 수집함. 그리고 이야기 줄거리를 확인하고 축코딩 범주를 통합하는 이야기를 서술함
- 중심현상에 미치는 요인들로 구성된 조건 매트릭스를 개발하고 도식화함

(4) 민속지학 연구(문화기술지 연구)

① 민속지학은 문화기술지, 민족지학 등 다양하게 번역되어 사용되며, 특정 문화를 공유하는 집단의 생활방식, 관습, 규범체계 등을 연구 기술하는 방법으로 1920년대 시카고 대학의 교수들이 문화인류학의 연구에 적용하면서 시작되었음. 민속지학은 인공물, 물리적 흔적, 이야기, 신화, 문화적 주제연구 등을 대상으로 함

② 민속지학의 연구방법은 연구현장을 강조한다는 것을 제외하고 다른 질적연구방법과 큰 차이가 없음
- 민속지학 연구를 추구하는 연구자는 어느 특정 집단의 생활현장에 들어가 상당 기간 생활하면서 자료를 수집함. 즉, 참여를 통한 관찰과 기록으로 자료를 수집하며, 부수적으로 기타자료를 수집함
- 연구집단에 들어가기 전에 연구자를 소개하고 안내해 줄 사람이 필요함. 자연스럽게 연구집단에 동화되어 생활하는 것이 무엇보다 중요함

③ 연구자는 구성원의 상호작용과정에서 일어나는 사건, 현상을 폭넓게 관찰함. 생활

하면서 연구문제를 정립하고 구체화함. 따라서 활용가능한 모든 자료를 활용함

예) 지도 작성, 친족계보표, 인터뷰, 참여관찰자료, 생애사, 문화사, 민간전승, 공식적 기구, 커뮤니티 연구 등

④ 연구자는 다양하게 수집된 유형화된 규칙을 찾기 위하여 자료를 분석하고 결과를 해석함. 기술은 개인, 집단, 조직전체의 행동을 기술할 수 있으며, 그림, 사진 등을 첨부할 수 있음

⑤ 구체적인 자료분석방법은 생각, 삼각화, 패턴, 주요사건, 흐름도, 조직도, 매트릭스, 내용통계, 정교화 등이 활용됨

(5) 사례 연구 ★★

① 사례 연구는 시간 경과에 따라 하나의 경계를 가진 체계(사례) 혹은 경계를 가진 여러 체계(사례)를 탐색하고, 다양한 정보원천(관찰, 면접, 시청각 자료, 문서와 보고서 등)을 포함하여 상세하고 심층적인 자료를 수집하며, 사례 기술과 사례에 기반을 둔 주체를 보고함

② 사례 연구 접근은 심리학(프로이드), 의학(질병에 대한 사례분석), 법학(판례), 정치학(사례보고) 등 많은 학문 분야에 걸쳐서 활용되고 있음

③ 질적 사례 연구의 유형: 해당 사례가 한 개인이나 여러 사람, 집단, 전체 프로그램, 활동 등을 포함하는가와 같이 경계를 가진 체계의 규모에 따라 구분함. 또한 질적 사례 연구는 사례분석의 목적에 따라 구분될 수 있음

 - 도구적 단일 사례 연구: 연구자는 하나의 이슈나 관심에 초점을 맞추고 나서 이 이슈를 예증하기 위한 하나의 경계를 가진 체계를 선택함

 - 집합적(다중) 사례 연구: 하나의 이슈나 관심이 다시 선택되지만, 연구자는 여러 개의 연구현장에서 여러 개의 프로그램을 선택하거나 단일 현장 내에서 여러 개의 프로그램을 선택할 수도 있음. 종 연구자는 이슈에 대한 서로 다른 관점을 보여 주기 위해 여러 사례를 의도적으로 선택하기도 함

 - 본질적 사례 연구: 초점이 사례 그 자체(프로그램을 평가하거나 어려움을 겪고 있는 학생을 연구하는 등)에 맞춰짐. 왜냐하면 그 사례가 비일상적이거나 독특한 상황을 보여 주기 때문임

2. 질적 연구의 방법과 과정 ★★★

질적 연구의 방법과 과정은 연구의 속성이나 주제에 따라 다양하게 전개될 수 있지만, ① 연구문제 형성, ② 연구설계 수립, ③ 대상자의 표집, ④ 자료수집, ⑤ 자료분석 및 해석, ⑥ 보고서 작성으로 나누어 살펴볼 수 있음

1) 연구문제 형성

지금까지 살펴본 바와 같이 질적 연구는 사물의 현상을 기술하고 이해하기 위하여 이루어짐. 따라서 연구문제도 질적인 형태로 제안됨. 즉, 변수 간의 인과관계나 집단 간 비교가 아니라 연구자가 알고자 하는 아이디어나 문제로부터 연구를 시작함. 연구문제를 적절하게 잘 설계하기 위해서는 다음과 같은 질문을 해볼 수 있음

① 탐구하고자 하는 현상, 실재, 사회적 실체의 본질은 무엇인가?
② 탐구하고자 하는 현상에 대한 지식이나 증거로 삼을 내용은 무엇인가?
③ 연구에서 다루고자 하는 주제, 관심 영역은 무엇인가?
④ 이론적이나 지적으로 해결하고자 하는 궁금증이 무엇인가?
⑤ 무엇을 설명하고자 하는가?
⑥ 이 연구의 목적은 무엇인가?
⑦ 왜 이 연구를 수행하고 있는가?

2) 연구설계 수립

① 연구문제가 형성되면 이를 구체화하기 위하여 연구주제와 관련된 문헌 및 선행연구에 대해 조사를 하고 나서 전체적인 연구 절차에 대한 구체적인 계획을 세움
② 문헌고찰이 항상 필수적인 것은 아니며, 때로는 자료수집을 하고 나서 이루어질 수도 있음. 왜냐하면, 연구자가 관련 주제나 조사대상에 대한 편견이나 선입견을 갖기 않기 위함임

3) 대상자의 표집

① 일반적으로 모집단에서 표본을 뽑을 때 대표성, 타당도 등을 고려하여야 함
② 질적 연구에서는 모집단이 불분명한 경우가 많기 때문에 표본을 뽑을 때 나름대로

모집단과 여러 가지 특성이 비슷하다고 판단되는 표본을 선정하는 유의표집이나 눈덩이표집과 같은 비확률표집을 주로 사용함

4) 자료수집
질적 연구에서는 연구자가 보고 듣고 느끼는 모든 것이 연구자료가 되며, 그 외에도 현장에서 이루어지는 모든 상황이 자료로 활용될 수 있음

5) 자료분석 및 해석
① 자료를 분석할 때는 이론을 바탕으로 전반적인 분석들을 개발하여 사용하기도 하고, 이론적 배경이나 분석들 없이 분석하기도 함
② 자료분석의 초점은 수집된 원자료에서 어떤 중심 주제나 패턴을 찾아내는 데 있음. 이를 위해 자료적 의미를 해석하고 범주별로 분류하고 재조합하는 과정을 거침. 질적 연구에서 자료를 분석하는 데 많이 사용하는 방법은 내용분석임

6) 보고서 작성
① 연구과정이 끝나게 되면 보고서를 작성하게 됨
  - 질적 연구의 보고서 역시 연구과정과 마찬가지로 엄격하게 정해진 형식은 없음
  - 보통 양적 연구와 마찬가지로 질적 연구의 보고서에는 문제 제기, 이론적 배경, 연구설계, 자료수집 및 방법, 연구결과, 향후 연구 및 정책적 함의 등이 포함됨
② 양적 연구의 보고서와의 차이는 질적 연구는 자료수집과 분석이 동시에 이루어지기 때문에 기술할 때에도 같이 기록하는 점임
  - 분석대상도 양적 연구의 통계추론이 아니라 연구대상의 의미 구축에 대한 자료 정리, 분류 및 추상화를 주로 하기 때문에 분석적 서술방법을 많이 활용함

01) 근거이론(grounded theory) 접근을 채택한 연구에 관한 설명으로 옳지 않은 것은?

(9회 기출)

① 조사과정에서 조사자의 관점이 중요시 된다.

② 자료 분석을 통해 이론을 도출하는데 관심을 갖는다.

③ 연구결과의 일반화를 극대화하기 위해 확률표집이 선호된다.

④ 비구조화된 인터뷰와 관찰을 사용하므로 자료의 체계화가 중요하다.

⑤ 조사연구의 상황에서 조사자와 조사 대상자 간 상호작용이 반영될 수 있다.

☞ 해설

근거이론 접근을 채택한 연구에 관한 설명은 질적 연구에 대한 설명을 말한다. ③은 양적 연구방법에 해당하는 설명이다.

정답 ③

02) 양적연구와 비교한 질적 연구의 특성으로 옳지 않은 것은?　　　　(15회 기출)

① 연구자의 역할이 더 중요하다.

② 소수의 사례를 깊이 있게 관찰할 수 있다.

③ 연구결과의 일반화가 목표가 아니다.

④ 일반적으로 신뢰도가 더 높다.

⑤ 귀납적 추론의 경향이 더 강하다.

☞ 해설

질적 연구는 양적연구에 비해 깊이 있는 정보를 얻을 수 있다. 따라서 양적연구보다 타당도가 더 높다. 반면에 질적 연구는 신뢰도 확보에 어려움이 있다.

정답 ④

제24장
|
조사보고서의 작성

1. 조사보고서의 목적과 의의

1) 사회복지조사를 실시하는 이유 ★★

사회복지 분야의 지식을 확대하고자하기 때문임. 이를 위해서 다음과 같은 것이 요구됨

① 실천현장에서의 문제를 해결하기 위한 지식 탐색

② 사회복지서비스의 질을 향상시키기 위한 지식과 기술 개발

③ 새롭고 효과적인 사회복지실천 개입방법을 개발하기 위해 실시되는 사회복지조사의 과정을 구체적 기술

④ 결과를 분석하고 해석하여 관련자에게 전달

2) 조사보고서의 목적

조사한 결과를 조사에 관심을 가진 사람들에게 전달하기 위함

① 사회복지조사의 과정에는 많은 자원이 투입되는데, 특히 조사를 수행할 수 있도록 재정을 지원받은 경우, 연구자는 재정을 지원한 해당기관에 조사에 대한 결과물인 조사보고서를 제출해야 할 의무를 지님

② 조사보고는 조사결과를 공개해서 조사결과가 보편적으로 타당하고 객관적인지를 검증하고자 하는 목적이 있음

3) 조사보고서의 의의

(1) 조사보고서를 통해 조사결과를 발표하면, 사회의 관련 분야에 기여할 수 있게 됨

① 사회복지학은 사회현상에 대한 다학제적 접근을 하는 것이 특징임

② 조사결과는 사회복지학뿐만 아니라 심리학, 사회학, 가족학, 교육학 등에 유의미한 함의를 제시해 줄 수 있음. 그러나 조사결과를 발표하지 않을 경우, 조사결과는 사회적으로 거의 기여하지 못함

(2) 과학적 지식은 재현가능성을 전제함

① 조사보고서를 통해 조사결과를 발표하면, 조사의 오류와 속임수와 거짓말을 찾아내는 재현과정을 거칠 수 있게 됨

② 조사보고서를 통해 조사결과를 더 널리 발표하면, 조사결과를 사용할 가능성이 있는 사람이 조사결과에 주목할 가능성이 더 커짐. 이를 통해 연구를 통해 다루었던 사회문제 또는 사회현상에 대한 사람들의 관심과 인식을 촉진할 수 있게 되고, 연구주제에 대한 새로운 접근을 시도 할 수 있는 계기를 마련할 수 있게 됨

2. 조사보고서의 작성양식과 고려사항

1) 조사보고서 양식

조사보고서의 양식은 조사의 목적과 내용에 따라서 달라짐

① 탐색을 목적으로 조사된 보고서의 경우 조사문제나 가설을 설립하는 데 도움을 주기 위한 것으로서 결론은 단정적이 아닌 감점정인 것으로 기술됨

② 기술적 목적으로 조사가 이루어졌다면 사회현상의 특성과 변수 간의 상호관계를 수치화하고 통계적 오차의 범위 등을 보다 구체적으로 제시하여 기술하여야 함

③ 설명적 목적으로 이루어진 조사의 경우, 변수 간의 인과관계를 밝히기 위한 것으

로서 인과관계의 신뢰성과 타당성을 확인하기 위해 활용한 추리통계분석의 결과를 정리하여 제시하여야 함

(1) 조사보고서는 독자에 따라서 양식이 달라짐

① 예를 들어, 정부기관의 정책이나 개입 방안을 연구한 보고서의 경우 기관이 요구하는 양식에 맞게 작성하여야 하며, 제안의 내용과 근거를 논리적으로 제시하여야 함

② 관련된 기관이나 용도에 알맞은 양식을 확인하고 활용할 수 있도록 해야 함
   - 일반적인 보고서의 형태로 제시하는 경우도 있고, 순수한 학술지 논문의 형태로 제시하는 경우도 있음

2) 조사보고서 작성 시 고려할 사항

(1) 설득력 있는 조사보고서의 특징

조사보고서는 작성된 내용을 통해 연구자의 의도를 전달하고 독자를 설득하는 특성을 가지고 있음. 따라서 재미있고 읽기 쉽고 부드럽게 표현하여 제시한 조사보고서는 그렇지 않은 조사보고서에 비해 독자에게 더 설득력을 가짐

(2) 조사보고서의 문체와 관련된 지침

① 조사보고서의 문장은 문법에 맞게 작성되어야 함

② 조사보고서의 내용은 명료하게 작성되어야 함. 알리고자 하는 내용을 보다 명확하게 작성하여 제시하고, 조사보고서의 내용을 모호하게 표현하지 말아야 함

③ 조사보고서는 간결하게 작성하는 것이 좋음. 보고서 이용자에게 필요한 것을 모두 포함하면서도 최소한의 함축적인 내용으로 전달할 수 있어야 함

④ 조사보고서에는 좋은 문체를 사용하여야 함
   - 수동태 문장을 너무 많이 사용하지 말아야 함
   - 문장의 길이와 구조를 변화시켜야 함
   - 특이한 형식의 문체를 사용하지 말아야 함

(3) 조사보고서의 문체

조사보고서의 문체는 조사보고서의 예상 독자에게 적절하게 사용되어야 함

① 연구자는 조사보고서를 작성하기 전에, 조사보고서를 주로 사용할 독자가 누구인지 중요하게 고려하여야 함

② 조사보고서를 효과적으로 작성하기 위해서는 조사보고서를 읽을 대상자의 눈높이에 맞추어 작성하는 것이 중요함

③ 조사보고서의 독자를 여러 가지로 구분할 수 있지만 일반적으로 전문가와 일반인으로 구분할 수 있음

(4) 다른 분야의 전문가일 경우 작성 시 고려점

조사보고서의 독자가 사회복지가 아닌 다른 분야의 전문가일 경우, 조사보고서 작성 시 고려할 점

① 관련 전문가가 일반적인 사회복지 분야의 기본저긴 개념을 잘 알고 있는지를 고려할 필요가 있음

② 관련 전문가가 일반적인 통계 용어를 잘 알고 있는지를 고려할 필요가 있음

(5) 일반 대중일 경우, 조사보고서 작성 시 고려점

조사보고서의 독자가 일반 대중이거나 조사방법과 사회복지를 잘 알지 못하는 사람일 경우, 조사보고서 작성 시 고려할 점

① 가능하다면 전문용어를 적게 사용하여야 함. 일반 독자에게는 분야 한정적인 전문용어가 의미가 없거나 잘못 전달될 가능성이 있기 때문임. 상황에 따라서는 전문용어를 사용할 수밖에 없는 경우에는, 해당 용어를 일반 독자가 확인할 수 있도록 쉬운 용어로 각주 등을 통해 풀어서 설명해 주어야 함

② 통계자료의 경우 가능하다면 간단하게 제시하여야 함. 부득이하게 통계자료를 사용할 경우, 다음과 같은 점에 유의할 필요가 있음

 - 조사자가 전달하고자 하는 것을 독자에게 잘 전달하기 위해, 그림과 표를 사용해 시각적(visual) 효과를 높임
 - 통계를 사용한 이유를 잘 설명하고, 또한 조사결과가 의미하는 바를 잘 설명함

③ 동사의 경우, 조사보고서에서 시제를 적절하게 선택하여야 함. 원칙적으로 조사보고서는 현재 시제와 과거 시제로 표현함

  - 기존에 실시한 연구에 관한 장과 조사방법에 관한 장에서는 과거나 현재 시제를 사용
  - 조사결과를 설명하는 장에서는 과거 시제를 사용
  - 결과에 관해 논의하는 장에서는 현재 시제를 사용
  - 제언은 미래 시제로 표현할 수도 있음

3. 조사보고서의 구성과 내용

1) 조사보고서의 구성

(1) 조사보고서의 형식과 용도

조사보고서의 형식과 관련해 모든 사람이 동의하는 표준화된 형태는 존재하지 않음. 보고서의 용도에 따라 구성도 조금씩 달라질 수 있음

예) 연구용역을 받아 만들어진 보고서와 일반 학술지에 실린 논문의 구성이 다르고, 자연과학 논문과 사회과학 논문의 구성이 다름

(2) 사회조사를 통한 조사보고서 구성내용

사회조사를 통해 수집된 자료를 분석하여 발표하는 조사보고서는 일반적으로 구성내용이 비슷함

① 앞부분, 본문(서론, 본론, 결론 부분), 참고 부분으로 크게 나누어짐

  - 조사보고서의 앞부분은 조사보고서의 제목, 요약, 조사보고서의 내용에 대한 목차, 표와 그림에 대한 목차 등으로 구성되어 있음
  - 조사보고서의 본문은 조사보고서의 중심이 되는 부분임
  - 조사보고서의 참고 부분은 조사보고서의 마지막에 제시함. 대체로 조사보고서의 참고 부분은 참고문헌의 부록을 포함하고 있음

② 각 부분은 몇 개의 장이나 절로 다시 나누어짐

2) 조사보고서의 내용

(1) 제목

① 연구주제를 나타내는 집약된 문장으로 조사보고서의 중요한 부분임

② 조사보고서의 제목이 중요한 이유

- 독자가 조사보고서에서 제일 처음 보게 되는 부분이기 때문에 제목을 잘 붙이게 되면 독자는 중요한 독립변수와 종속변수와의 관계를 유추할 수 있게 됨. 그리고 상황에 따라서는 제목을 통해서, 독자는 주요한 조사결과를 알게 됨

- 전산화된 문헌검색에서 제목에 들어 있는 단어를 통해 관련 문헌을 선정하는 경우가 많기 때문

③ 조사보고서를 그 분야의 여러 사람들이 읽을 수 있도록 하기 위해서는, 조사보고서의 제목은 조사의 내용을 간단하면서도 잘 설명하는 형식으로 정해야 함

(2) 요약(abstract)

① 조사한 내용을 간단히 정리해 놓은 것

② 조사보고서의 제목 못지않게 조사보고서의 요약 부분도 중요함. 요약은 조사의 핵심내용과 결과를 간단하게 정리한 부분이기 때문임

③ 조사보고서의 요약 부분은 중요하고 짧은 분량이기 때문에, 요약 부분을 신중하게 작성하여야 함

④ 조사보고서의 요약 부분 제시의 일반적인 방법

- 조사하고 있는 문제를 분명하게 제시

- 조사방법과 표집방법을 제시

- 조사결과를 간단히 요약하고 결론을 제시

(3) 서론 ★★

① 조사보고서의 서론 부분에서는 조사를 실시하게 된 배경과 조사의 목적, 문제제기가 포함되어야 함

② 특히 조사보고서의 서론 부분에서는 조사의 목적을 분명하게 제시하여야 함

- 목적이 의미가 있다는 점을 제시하여야 함

262

－ 조사보고서에서는 다른 사람들이 이전에 실시한 조사와 비교해서 조사의 목적
  이 의미가 있음을 제시해야 함

③ 조사보고서의 서론 부분에서는 연구문제를 제시함

  － 연구문제는 의문문의 형태로 제시해야 함. 그러나 탐색적 목적을 지니는 연구나
    측정도구가 프로그램을 개발하는 연구의 경우에는 연구문제가 없을 수도 있음

④ 조사에서 사용하는 용어가 특별한 의미를 지니거나 일반적으로 알려진 것과는 다
  른 의미를 가질 경우에는, 조사보고서의 서론 부분에서 이런 용어를 정의해야 함.
  그러나 용어를 필요 이상으로 많이 정의하거나 장황하게 정의하지 말아야 함

⑤ 조사보고서의 서론 부분을 너무 짧게 하지는 말아야 하며, 분명하게 제시해야 함.
  서론 부분을 분명하게 제시하지 않을 경우에는, 조사보고서의 나머지 부분은 그
  의미가 모호해질 가능성이 큼

(4) 본론 ★★

① 대부분의 조사는 각 학문 분야의 여러 연구자들이 이전에 조사한 결과를 바탕으로
  해서 실시됨. 그러므로 조사보고서의 본론 부분에서는 이전의 조사결과를 적절히
  요약하고 반영함

② 본론 부분에서는 기존의 이론과 연구에 관해 문헌을 조사한 부분을 포함함. 현재
  의 연구가 지금까지 진행된 연구에서 어떻게 나왔는지 알 수 있게 됨

③ 문헌을 조사한 것을 토대로 삼아서, 조사에서 검증하려는 가설을 설정하게 됨

④ 조사보고서의 본론 부분에서는 독자가 조사의 내용을 이해할 수 있도록, 조사방법
  을 자세히 설명하여야 함

⑤ 조사방법 부분이 중요한 이유

  － 조사방법 부분이 결론이 타당한지 여부와 결론을 일반화시킬 수 있는지 여부를
    판단할 수 있는 근거를 제공하기 때문

  － 조사방법 부분은 나중에 조사를 재현할 경우에 토대가 되기 때문

⑥ 조사방법 부분에 포함시켜야 할 주요한 내용

  － 조사대상이 누구인지 제시함. 표집방법 설명, 사용한 자료수집방법을 설명함

  － 개념을 어떻게 조작하는지를 설명하고, 사용한 측정도구(예컨대, 척도)를 설명함

– 조사의 결과를 분석하는 데 사용한 방법을 설명함

⑦ 조사보고서의 본론 부분에서는 조사의 결과를 제시함

– 조사결과의 부분은 조사보고서의 핵심을 이루는 부분으로서, 조사의 결과를 그대로 제시하는 부분임

– 일반적으로 조사결과를 제시할 경우에는 표와 도표, 통계를 사용함

(5) 결론

① 조사보고서의 결론 부분에서는 조사과정에서 얻어진 중요한 결과를 요약해서 제시함. 이런 요약을 통해서, 독자는 조사의 핵심적인 결과를 정리할 수 있게 됨

② 조사의 결과에 대해 논의함. 논의 부분에서는 조사결과 부분에서 제시된 자료가 가지는 의미에 대해 살펴봄. 논의 부분에서는 조사결과에 근거해, 각 가설이 지지되는 정도나 기각되는 정도를 제시함

③ 조사보고의 결론 부분에서는 조사결과가 학술적 측면, 실천적 측면, 정책적 측면과 관련해 더 광범위하게 지니는 시사점을 제시하여야 함. 또한 결론부분에서는 조사결과의 제한점이나 부족한 점을 솔직하게 밝혀야 함

④ 조사결과 때문에 새로운 의문이 생기는 경우도 많으므로 조사보고서의 결론 부분에서는 향후 연구와 관련해 제언하는 경우가 많음

(6) 참고문헌(references)

① 조사보고서의 참고문헌 부분에서는, 조사보고서를 작성하면서 인용한 모든 자료의 목록을 제시함. 조사보고서의 참고문헌을 제시하는 방식에는 여러 가지가 있음

② 모든 학술지는 참고문헌을 제시하는 방법에 관한 편집 지침을 가지고 있음. 그러므로 조사자가 학술지에 조사결과를 발표하려는 경우에는 발표하려는 학술지에서 제시하는 지침에 따라서 참고문헌 목록을 제시하여야 함

(7) 부록(appendix)

① 조사보고서의 부록은 조사보고서의 맨 마지막에 제시되는 부분임

② 조사보고서의 경우, 내용이나 분량이나 형식 등의 측면에서 조사보고서의 본문에

넣기에 적절하지 못한 부분은 부록에 넣을 수 있음

예) 조사에 사용한 설문지, 기타 측정도구, 통계자료를 조사보고서의 부록 부분에
넣을 수 있음

01) 연구보고서 작성 시 고려사항은? (2회 기출)

> ㉠ 연구의 목적　　　　　　㉡ 독자들의 수준
> ㉢ 보고서의 형식　　　　　　㉣ 가설설정

① ㉠, ㉡, ㉢　　　　　　　　② ㉠, ㉢
③ ㉡, ㉣　　　　　　　　　　④ ㉣
⑤ ㉠, ㉡, ㉢, ㉣

☞ 해설

연구보고서의 작성 시 독자의 수준을 고려해야 함. 연구보고서의 형태에 따라 형식과 길이를 조절해야 하며, 연구보고서를 작성한 목적을 염두에 두어야 함.

정답 ①

02) 조사보고서 작성에 있어서 옳지 않은 것은? (5회 기출)

① 서론에는 연구목적, 연구결과의 함의가 기술되어야 한다.
② 본론에는 이론적 배경, 연구방법, 연구결과가 제시되어야 한다.
③ 결론에는 본문의 핵심내용, 후속연구에의 제언이 제시되어야 한다.
④ 정확하기 체계적으로 기술해야 한다.
⑤ 독자들이 충분히 이해할 수 있는 수준으로 기술해야 한다.

☞ 해설

서론은 연구의 배경 및 연구의 필요성 및 중요성을 포함한 문제제기, 연구목적 등이 포함되어야 하고, 분석단위, 변수, 가설, 조작적 정의 등에 대한 논의가 포함되어야 함. 결과의 함의는 결론에 기술되어야 함.

정답 ①

참고문헌

- 김진원. 『Oikos 사회복지사1급 역대기출문제집』. 서울: Bookexam, 2017.
- 박창제 외. 『사회복지조사론』. 서울: 창지사, 2015.
- 원석조. 『사회복지조사론』제2판. 경기: 공동체, 2018.
- 이승현 외. 『사회복지조사론』. 서울: 동문사, 2014.
- 최선희. 『사회복지조사방법론』제2판. 경기: 공동체, 2018.
- 최세영. 『사회복지조사론』. 경기: 어가, 2017.